와우 일러스트
바이블

모든 절마다 만화가 있는
쉬운성경 누가복음

와우 일러스트
바이블

글 아가페 쉬운성경 | 그림 조광래 | 감수 김경진

아가페북스

감수자의 글

누가복음을 읽기에 매우 훌륭한 동반자!

하나님의 말씀은 모든 사람에게 분명하고 정확하게 읽혀야 합니다. 그래야만 그 말씀을 통해서 모든 사람이 진리를 발견하고, 마침내 구원을 받아 영생을 누릴 수 있게 될 것이기 때문입니다. 바로 이런 정신으로 종교개혁자 마틴 루터도 모든 평민들이 읽을 수 있도록 하기 위해 독일어로 성경을 번역하였고, 윌리엄 틴데일 역시 자국어인 영어로 성경을 번역하였던 것입니다.

이 책은 여기서 더 나아간 책입니다. 누가복음의 내용을 그림으로 설명함으로써 특히 나이어린 독자들에게 더 쉽게 다가갈수록 의도하였는데, 이는 성경 말씀이 널리 모든 독자들에게 확실하게 읽혀야 한다는 성경의 근본 취지를 너무도 잘 살린 기획이라고 할 수 있습니다. 게다가 정성껏 표현된 그림 한 컷 한 컷마다 복음서의 내용이 잘 드러나 있어, 하나님의 말씀을 온전히 음미하기에 너무도 좋은 통로가 되리라 생각합니다. 아울러 페이지마다 여러 가지 난해한 성경 용어및 유대 풍습을 잘 설명해 주어서, 누가복음 읽기에 매우 훌륭한 동반자가 될 것이라 확신합니다.

성경을 사랑하는 모든 독자들에게 〈WOW 와우 일러스트 바이블 누가복음〉의 필독을 적극추천합니다!

김경진 박사
(백석대학교 신약학 교수)

WOW 와우 일러스트 바이블 누가복음은 이런 책이에요!

* **원문에서 직접 번역한 〈아가페 쉬운성경〉 누가복음의 전문을 담았습니다.**
  - 권위있는 신학자들이 8년간 뜻을 모아 연구하고 원문에서 직접 번역한 〈아가페 쉬운성경〉은 문장의 표현과 단어가 익숙해 이해하기 쉽고, 오래도록 기억됩니다.

* **1149개의 모든 절마다 일러스트 그림이 있습니다.**
  - 1151절 중에서 고대 사본에 없는 '없음(17장 36절, 23장 17절)' 구절 두 개를 제외한 나머지 1149개의 모든 구절마다 적절한 일러스트 그림을 그렸습니다.

* **만화 같은 구성으로 남녀노소 누구나 말씀을 재미있게 읽을 수 있습니다.**
  - 상하좌우의 다양한 구도에서 그린 일러스트를 보는 재미와 더불어 성경 인물의 대사를 말풍선에 넣은 컷은 만화를 보듯 성경을 술술 읽을 수 있게 합니다.
  - 한 구절이 한 컷이 되도록 깔끔하게 구성하여 부담없이 읽을 수 있도록 편집하였습니다.

* **누가복음 속 예수님의 사역을 한눈에 볼 수 있는 지도를 넣었습니다.**
  - 누가복음의 무대가 되는 고대 팔레스타인 지방의 지도를 수록하고, 예수님의 대표적인 사역과 발자취를 살펴보고 이해할 수 있도록 해두었습니다.

* **누가복음 살펴보기, 누가복음 Tip, 단어 설명 등 다양한 성경 지식을 제공하여 풍부한 이해를 돕습니다.**
  - 누가, 언제, 왜, 무엇을, 어떻게 기록하였는지 누가복음을 다각도로 이해할 수 있도록 정리해 두었습니다. 누가복음 Tip과 본문 하단의 단어 설명을 통해 어려운 성경 표현을 쉽게 풀어 설명하였으며, 고대 유대 지역의 문화를 이해할 수 있도록 하였습니다.

누가복음 살펴보기

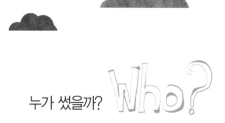

누가 썼을까?

누가복음은 전통적으로 누가에 의해 기록된 것으로 알려져 있습니다. 누가는 바울의 전도 여행에 동참했고, 바울의 서신서에서 '사랑받는 의사'(골 4:14), '동역자'(몬 24절)로 묘사되고 있습니다. 그는 예수님을 직접 목격한 사람은 아니지만, 사도들을 통해 복음에 대해 전해 들은 것을 정확하게 기록했습니다. 또한 마가복음을 기록한 마가와 함께 사역하며 마가복음의 상당 부분을 참고하여 누가복음을 기록한 것으로 봅니다.

언제 썼을까?

누가가 언제, 어디에서 누가복음을 기록하였는지를 알려주는 결정적인 증거는 없지만, 대체적으로 A.D. 60-63년경에 로마에서 기록된 것으로 추정합니다. 바울이 로마 감옥에서 순교 당한 A.D. 66년 이전에 누가복음과 사도행전이 기록된 것으로 봅니다.

왜, 누구를 위해 썼을까? Why?

1장 3절에서 밝히고 있듯이 일차적으로는 데오빌로라는 로마 관리에게 보내기 위해 기록하였습니다. 그러나 더 넓게는 복음이 유대인과 이방인 모두를 위한 것임을 이방인 독자들에게 알리기 위해 기록하였다고 볼 수 있습니다. 예수님의 죽음과 부활이 일어난 지 30여년이 지나며 많은 증인들이 나이 들어 죽으면서, 복음에 대한 정확한 기록을 남길 필요가 커졌기 때문입니다. 특히 복음이 이방인에게도 전해지면서 그들이 예수님과 복음에 관해 말로 전해 들은 것이 확실한 것임을 알릴 필요가 있었기 때문에 기록한 것으로 봅니다.

어떤 특징이 있을까? How, What?

누가복음의 첫 번째 특징은 이방인이 이방인을 위해 기록한 복음서라는 것입니다. 누가는 이방인이었지만 헬라 문화와 유대 문화에 모두 익숙했고, 폭넓은 구약 성경 지식을 바탕으로 예수님의 복음이 누구에게든 차별 없이 주어진 하나님의 은혜이자 메시지임을 강조합니다. 누가복음은 사복음서 중 가장 이해하기 쉬우며 예수님의 삶을 가장 상세하게 전하고 있습니다.

두 번째 특징은 예수님이 가난한 자, 병든 자, 소외된 사람들을 위해 인간으로 오신 하나님이심을 강조한다는 것입니다. 누가는 다른 복음서와 달리 예수님이 태어나시기 전과 태어나시던 때의 상황을 구체적으로 기록하고 있습니다. 이렇게 사람(인자)으로 오신 예수님께서 연약하고 불쌍한 사람들과 함께 하시면서 그들의 병을 치료하시고, 귀신을 쫓으시며, 말씀을 가르치신 일들을 많이 다루고 있습니다. 누가는 우리의 삶의 현장으로 깊이 들어오셔서 가장 어둡고 연약한 부분을 고치시는 하나님의 사랑이 예수님의 사역을 통해 드러났음을 보여줍니다.

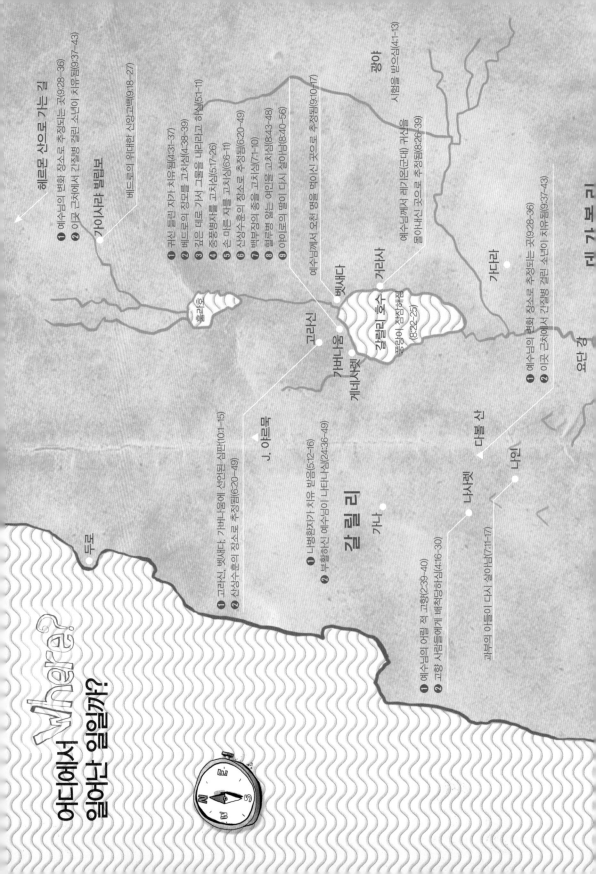

어디에서 Where? 일어난 일일까?

헤르몬 산으로 가는 길
❶ 예수님의 변화 장소로 추정되는 곳(9:28-36)
❷ 이곳 근처에서 간질병 걸린 소년이 치유됨(9:37-43)

가이사랴 빌립보
베드로의 위대한 신앙고백(9:18-27)

광야
시험을 받으심(4:1-13)

예수님께서 레기온(군대) 귀신들 물아내신 곳으로 추정됨(8:26-39)

❶ 귀신 들린 자가 치유됨(4:31-37)
❷ 베드로의 장모를 고치심(4:38-39)
❸ 깊은 데로 가서 그물을 내리라고 하심(5:1-11)
❹ 중풍병자를 고치심(5:17-26)
❺ 손 마른 자를 고치심(6:6-11)
❻ 산상수훈의 장소로 추정됨(6:20-49)
❼ 백부장의 종을 고치심(7:1-10)
❽ 혈루병 앓는 여인을 고치심(8:43-48)
❾ 야이로의 딸이 다시 살아남(8:40-56)

헤르몬 산으로 가는 길
❶ 예수님의 변화 장소로 추정되는 곳(9:28-36)
❷ 이곳 근처에서 간질병 걸린 소년이 치유됨(9:37-43)

요단 강

데 가 복 리

두로

훌라교향

벳새다
거라사
갈릴리 호수
풍랑이 잔잔해짐(8:22-25)

고라신
가버나움
게네사렛
가다라
다볼 산
나인

갈릴리
가나
나사렛

❶ 고라신, 벳새다, 가버나움에 선언된 심판(10:1-15)
❷ 산상수훈의 장소로 추정됨(6:20-49)

❶ 나병환자가 치유 받음(5:12-16)
❷ 부활하신 예수님이 나타나심(24:36-49)

❶ 예수님이 어릴 적 고향(2:39-40)
❷ 고향 사람들에게 배척당하심(4:16-30)

과부의 아들이 다시 살아남(7:11-17)

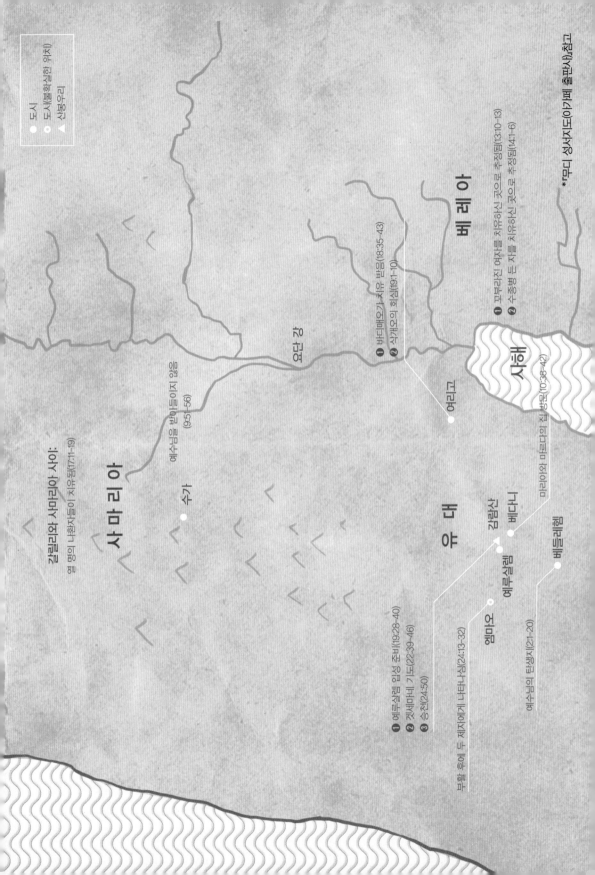

범례

● 도시
◐ 도시(불확실한 위치)
▲ 산봉우리

*"무디 성서지도(이가페 출판사)"참고

베 레 아

❶ 포부라진 여자를 치유하신 곳으로 추정됨(13:10-13)
❷ 수종병 든 자를 치유하신 곳으로 추정됨(14:1-6)

❶ 바디메오가 치유 받음(18:35-43)
❷ 삭개오의 회심(19:1-10)

요단 강

예수님을 받아들이지 않음
(9:51-56)

예리고

사 해

마리아와 마르다의 집 방문(10:38-42)

갈릴리와 사마리아 사이:
열 명의 나환자들이 치유됨(17:11-19)

사 마 리 아

● 수가

유 대

❶ 예루살렘 입성 준비(19:28-40)
❷ 겟세마네 기도(22:39-46)
❸ 승천(24:50)

엠마오

예루살렘
● 감람산
● 베다니

베들레헴

부활 후에 두 제자에게 나타나심(24:13-32)

예수님의 탄생지(2:1-20)

예수님 당시 이스라엘의 문화적 특성과 지역적 특성을 고려하여 그렸으나,
일러스트라는 특성상 일부 표현에서는 작가의 상상력을 발휘하였습니다.

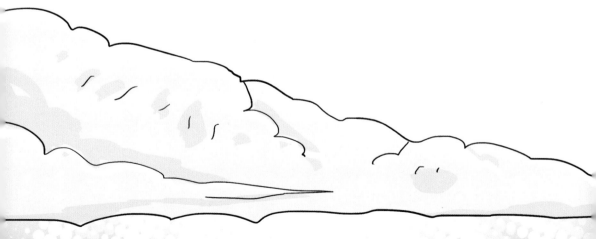

와우 일러스트
바이블

누가복음

누가복음 1장

1 우리 가운데서 일어난 일에 대하여 차례대로 쓰려고 한 사람들이 많이 있었습니다.

2 이 사람들은 처음부터 이 일을 목격한 사람들, 즉 말씀의 종들이 우리에게 전하여 준 대로 기록하였습니다.

3 존귀하신 데오빌로 각하, 저도 이 모든 일을 처음부터 자세히 조사하였으므로, 이 일을 각하께 차례대로 기록하여 드리는 것이 좋다고 생각합니다.

4 이는 이미 배우신 것들이 모두 사실이라는 것을 알게 하려는 것입니다.

5 유대 왕 헤롯 시절에 아비야 조에 사가랴라고 하는 제사장이 한 사람 있었습니다. 그의 아내는 아론 가문의 딸로 이름은 엘리사벳이었습니다.

6 이들은 하나님 앞에서 의로운 사람이었습니다. 이들은 하나님의 모든 계명과 법도를 흠잡을 데 없을 정도로 잘 지켰습니다.

7 그런데 이들에게는 자식이 없었습니다. 엘리사벳은 임신할 수 없는 여자였고, 두 사람 모두 너무 나이가 많았습니다.

※ **데오빌로**(1:3) '하나님의 친구'라는 뜻의 이름으로, 예수님을 영접한 로마의 관리. ※ **조**(1:5) 제사장들이 성전 봉사를 할 차례를 정해놓은 순서. ※ **계명과 법도**(1:6) 율법을 비롯한 유대인의 전통.

8 사가랴가 자기 조의 차례가 되어서 하나님 앞에서 제사장으로 일하고 있을 때,

9 제사장 임무를 맡는 관례를 따라 제비를 뽑았습니다. 사가랴가 주님의 성전에 들어가 향을 피우는 사람으로 뽑혔습니다.

10 분향 시간에 다른 사람들은 밖에서 기도를 하고 있었습니다.

11 그 때, 주님의 천사가 사가랴 앞에 나타나 분향하는 제단 오른쪽에 섰습니다.

12 사가랴는 천사를 보고 매우 놀라서 두려움에 휩싸였습니다.

13 천사가 그에게 말했습니다.

사가랴야, 두려워하지 마라. 네 기도를 하나님께서 들으셨다. 네 아내 엘리사벳이 아들을 가지게 될 것이다. 그의 이름을 요한이라고 하여라.

14

그 아들은 네게 기쁨과 즐거움이 될 것이다. 또한 많은 사람들이 그가 태어남을 즐거워할 것이다.

※ **사가랴**(1:8) '여호와는 기억하신다'라는 뜻. ※ **관례**(1:9) 전부터 해오던 방식을 따라 행함. ※ **분향**(1:10) 기도의 상징으로 향을 피워 올리는 것.

15 "그 아들은 하나님 앞에서 큰 인물이 될 것이다. 그는 포도주와 술을 마시지 않으며, 어머니 뱃속에 있을 때부터 성령으로 충만해질 것이다.

17 그는 엘리야의 심령과 능력을 가지고 주님보다 먼저 올 것이다. 그래서 아버지의 마음을 자녀에게로 향하게 하며, 순종하지 않는 사람들을 의인의 지혜로 돌아서게 할 것이다. 그래서 사람들에게 주님을 맞을 준비를 하게 할 것이다."

16 그는 이스라엘 자손들 중에서 많은 사람들을 주 하나님께로 돌아오게 할 것이다.

18 사가랴가 천사에게 말하였습니다.

이 일이 일어날지 제가 어떻게 알겠습니까? 저는 늙었고, 제 아내 또한 늙었습니다.

19 천사가 사가랴에게 대답하였습니다.

나는 하나님 앞에서 섬기고 있는 가브리엘이다. 하나님께서 이 기쁜 소식을 전하라고 나를 너에게 보내셨다.

20

들어라. 때가 되면 이루어질 내 말을 네가 믿지 않았으므로, 이 일이 이루어질 때까지 너는 말을 하지 못하게 될 것이다.

※ **엘리야(1:17)** 아합과 아하시야 왕 때에 활동했던 선지자. 죽지않고 회오리바람을 타고 승천했다. ※ **가브리엘(1:19)** '하나님의 사람' 혹은 '하나님은 나의 능력'이라는 뜻의 이름. 하나님의 뜻을 백성들에게 전달하는 천사.

21 사람들이 밖에서 사가랴를 기다리고 있었습니다. 사람들은 그가 성전에서 늦어지는 것을 이상하게 생각하였습니다.

22 사가랴가 밖으로 나왔는데 아무 말도 할 수 없었습니다. 사람들은 그가 성전 안에서 환상을 본 줄 알게 되었습니다. 사가랴는 단지 손짓만 할 뿐, 말을 하지 못했습니다.

23 제사장 직무 기간이 끝난 뒤에 사가랴는 집으로 돌아갔습니다.

24 그후에 엘리사벳이 임신하게 되었습니다. 그녀는 임신한 후 다섯 달 동안, 집 밖에 나오지 않았습니다. 그녀가 말했습니다.

25 주님께서 나를 너그러이 돌보아 주셔서 아이를 주심으로, 사람들로부터 당하는 내 부끄러움을 없애 주셨다.

누가복음 TIP

이스라엘 사회에서는 아이를 갖지 못하는 것을 하나님의 저주라고 생각했어요. 하지만 사가랴 부부가 아이를 갖지 못한 것은 그들의 죄 때문이 아니었어요. 그들을 향한 하나님의 계획이 있었기 때문이랍니다.

사가랴는 백성들을 대표하여 성소에서 하나님께 기도했어요. 아들을 달라고 기도한 것이 아니라, 이스라엘을 구원해줄 메시아를 구하는 기도를 드렸지요. 하나님은 하나님의 나라와 하나님의 의를 먼저 구한 사가랴의 기도를 들으셨고, 사가랴 자신의 기도제목이었던 자녀의 문제도 해결해 주셨어요(마 6:33). 하나님은 요한이 태어날 것을 말씀하심으로 이 땅에 예수님을 보낼 준비를 시작하셨어요.

26 임신한 후 여섯째 달에, 하나님께서 가브리엘 천사를 나사렛이라고 하는 갈릴리의 한 마을로 보내셨습니다.

27 가브리엘은 다윗 가문의 요셉이라고 하는 사람과 약혼한 처녀에게 가게 되었습니다. 이 처녀의 이름은 마리아였습니다.

28 천사가 마리아에게 와서 말했습니다.

은혜를 입은 여인이여! 기뻐하여라. 주께서 당신과 함께하길 빈다.

29 마리아는 천사의 말을 듣고 너무나 놀라서 '이게 도대체 무슨 소리인가' 하고 생각하였습니다.

30 천사가 마리아에게 말했습니다.

마리아야, 두려워하지 마라. 하나님께서 네게 은혜를 베푸신다.

31 "보아라! 네가 아이를 임신하게 되어 아들을 낳을 것이다. 너는 그 이름을 예수라고 하여라.

32 그는 크게 되어 가장 높으신 분의 아들이라고 불릴 것이다. 주 하나님께서 그에게 그의 조상 다윗의 왕좌를 주실 것이다.

※ **나사렛**(1:26) 예루살렘 북동쪽에 있는 농촌마을. 작고 중요하지 않은 마을이어서 구약에는 등장하지 않고, 복음서에 처음 등장한다. ※ **마리아**(1:27) 구약의 '미리암'의 헬라어로, '미리암'은 '쓰라림, 괴로움'이라는 뜻이다.

33 그는 영원히 야곱의 집을 다스릴 것이며, 그의 나라는 끝이 없을 것이다."

34 마리아가 천사에게 말했습니다.

나는 남자를 알지 못하는 처녀인데 어떻게 이런 일이 있을 수 있습니까?

35 천사가 마리아에게 대답했습니다.

성령이 네게 내려오시고 가장 높으신 분의 능력이 너를 감싸 주실 것이다. 태어날 아이는 거룩한 분, 하나님의 아들이라고 불릴 것이다.

36 "보아라! 네 친척 엘리사벳도 나이가 많지만 임신하였다. 그녀는 임신하지 못한다고 생각하였으나 벌써 임신한 지 여섯 달이 되었다."

37

"하나님께서는 하지 못하실 일이 없다."

38 마리아가 말했습니다. "보소서. 저는 주님의 여종이오니 당신의 말씀대로 제게 이루어질 것을 믿겠습니다." 그러자 천사가 마리아에게서 떠나갔습니다.

39 그 무렵에 마리아가 일어나 유대 지방 산골에 있는 동네로 서둘러 갔습니다.

※ **야곱의 집**(1:33) 이스라엘 민족 전체를 말하며, 예수님을 믿는 영적 이스라엘인 교회를 의미한다. ※ **거룩**(1:35) 하나님의 완전하심, 그리스도인이 세상과 구별됨을 말한다.

40 사가랴의 집으로 들어가서 엘리사벳에게 인사하였습니다.

41 엘리사벳이 마리아의 인사를 받을 때, 아기가 뱃속에서 뛰놀았습니다. 엘리사벳이 성령으로 충만하여져서

42 큰 소리로 외쳤습니다.

당신은 여인들 중에서 가장 복받은 자입니다! 당신의 뱃속에 있는 열매가 복됩니다.

43

내 주님의 어머니께서 내게 오시다니 무슨 일입니까?

44

보소서. 당신이 인사하는 소리가 내 귀에 들릴 때에 내 뱃속의 아이가 기뻐서 뛰어 놀았습니다.

45

주님께서 말씀하신 것이 이루어질 것을 믿은 자는 복이 있습니다.

46 마리아가 말하였습니다.

내 영혼이 주님을 찬양합니다.

※ **내 주님의 어머니**(1:43) '주님'은 메시아를 의미한다. 엘리사벳은 성령이 충만하여 마리아가 임신한 아이가 메시아임을 알았다.

47 "내 영혼이 나의 구주 하나님을 기뻐합니다.

48 그것은 주님께서 이 여종의 비천함을 돌보셨기 때문입니다. 이제부터는 모든 세대가 나를 복되다 할 것입니다.

49 그것은 전능하신 분이 내게 이 큰 일을 행하셨기 때문입니다. 주님의 이름은 거룩합니다.

50 주님의 자비하심은 하나님을 두려워하는 자에게 대대로 있을 것입니다.

51 주님은 강한 팔로 권능을 행하시고 마음이 교만한 자를 흩으셨습니다.

52 하나님은 왕들을 왕좌로부터 끌어내리고 낮고 천한 사람들을 높이셨습니다.

53

굶주린 사람들을 좋은 것으로 채우시고 부자를 빈손으로 돌려 보내셨습니다.

54 주님은 자비를 기억하시며 주님의 종 이스라엘을 도우셨습니다.

55

우리 조상들에게 말씀하신 대로 아브라함과 그 자손들을 영원히 도우실 것입니다."

※ **비천함(1:48)** 신분이나 지위 등이 아주 낮고 보잘 것 없다는 뜻이다. ※ **교만한 자(1:51)** 하나님이 아닌 자신의 힘과 능력을 의지하는 자들을 모두 말한다.

56 마리아는 엘리사벳과 함께 석 달 쯤 있다가 집으로 돌아갔습니다.

57 해산할 날이 이르러 엘리사 벳은 아들을 낳았습니다.

58 이웃 사람들과 친척들은 주께서 엘리사벳에게 큰 은혜를 베푸신 것을 듣고 함께 기뻐하였습니다.

59 사람들은 아이가 태어난 지 팔 일째 되는 날에, 아이에게 할례를 하려고 왔습니다. 이들은 아버지의 이름을 따서 아이의 이름을 사가랴라고 지으려고 하였습니다.

60 그러자 아기 어머니가 말했습니다.

안 됩니다! 요한이라고 지어야 합니다.

누가복음 TIP

유대인들은 가족이나 친척 중에 존경받는 사람의 이름을 따서 아이의 이름을 짓는 경우가 있었어요. 사가랴도 경건한 사람이었기 때문에 이웃과 친척들은 당연히 그의 이름을 따서 아들의 이름을 지을 거라고 생각했어요. 하지만 엘리사벳과 사가랴는 하나님의 말씀대로 아이의 이름을 '요한'이라고 지었어요. '요한'은 '여호와는 은혜로우시다'라는 뜻이에요. 하나님이 예수님의 길을 예비할 자의 이름을 요한으로 지으신 이유는, 예수님이 오셔서 우리를 구원하는 것이 완전한 하나님의 은혜의 결과이기 때문이지요.

61 사람들이 엘리사벳에게 말했습니다.

하지만 당신 가문 중에 그런 이름을 가진 사람은 하나도 없어요.

62 사람들은 아버지인 사가랴에게 손짓을 하여 아이의 이름을 무엇이라고 짓기 원하는지 물었습니다.

63 그러자 사가랴는 쓸 것을 달라고 하여 '아기 이름은 요한'이라고 썼습니다. 이를 본 사람들이 모두 이상히 여겼습니다.

64 그 즉시 사가랴의 입이 열리고 혀가 풀려 하나님을 찬양하였습니다.

65 주변에 있는 사람들이 모두 두려워하였고, 이 모든 이야기는 유대 온 산골에 전해졌습니다.

66 이 이야기를 들은 사람은 모두 이 사실을 마음에 새기며 '이 아이가 장차 어떤 인물이 될까?'하고 말했습니다. 그것은 주님의 손이 아이와 함께 하셨기 때문입니다.

67 요한의 아버지 사가랴가 성령으로 충만하여 예언하였습니다.

68

주 이스라엘의 하나님은 찬양을 받으실 분이시다. 주께서 백성들을 돌보시며 구원을 베푸셨다.

※ 할례(1:59) 이스라엘의 모든 남자 아이들은 생후 팔일 째 되는 날, 생식기 끝의 껍질을 자르는 의식을 한다. ※ 주님의 손(1:66) 하나님의 능력을 의미하는 말.

69

하나님의 종 다윗의 집에서 우리를 위한 구원의 뿔을 드셨다.

70

옛날 거룩한 예언자의 입으로 말씀하셨다.

71 "우리를 원수에게서 구원하시고, 우리를 미워하는 모든 사람의 손에서 건져 내셨다.

72 주님께서 우리 조상에게 자비를 베푸시고 거룩한 언약을 기억하셨다.

73

이것은 우리에게 주시려고 우리 조상 아브라함에게 하신 맹세다.

74 우리를 원수들의 손에서 구원하셔서 두려움 없이 주님을 섬기게 하셨고

75 평생 동안 주님 앞에서 거룩하고 의롭게 살아가게 하셨다."

※ **구원의 뿔**(1:69) 뿔은 힘, 능력, 위엄, 왕권 등을 상징한다. '구원의 뿔'은 강력한 구원의 능력과 위엄을 지닌 메시아를 뜻한다. ※ **거룩한 언약**(1:72) 아브라함의 후손을 통해 모든 사람이 구원을 얻게 된다는 하나님의 약속.

76 아기야, 너는 가장 높으신 분의 예언자로 불릴 것이다. 네가 주님보다 앞서 가며 주님의 길을 준비할 것이다.

77 "백성들에게 죄를 용서받는 구원의 지식을 줄 것이다.

78 우리 하나님의 사랑과 자비로 인하여 떠오른 태양이 높은 곳에서

79 어두움과 죽음의 그늘에 앉은 우리들에게 빛을 비추일 것이다. 그래서 우리의 발을 평화의 길로 인도하실 것이다."

80 아기는 자라서 심령이 강해졌습니다. 요한은 이스라엘 백성 앞에 나타나는 날까지 광야에서 살았습니다.

❋ **주님의 길을 준비할 것이다**(1:76) 말라기 예언자는 메시아가 오시기 전에 그 길을 준비할 엘리야가 나타날 것을 예언했다. 세례 요한은 구약의 이 예언을 성취한 자다.

누가복음 2장

1 그때에 아구스도 황제가 내린 칙령에 따라 온 나라가 호적 등록을 하게 되었습니다.

2 이것은 구레뇨가 시리아의 총독으로 있을 때 행한 첫 번째 호적 등록이었습니다.

3 그래서 모든 사람들이 호적을 등록하러 고향으로 가게 되었습니다.

4 요셉도 다윗 가문의 자손이었으므로 갈릴리 나사렛을 떠나 유대 지방에 있는 다윗의 마을로 갔습니다. 이 마을은 베들레헴이라고 불렸습니다.

5 그는 약혼한 마리아와 함께 호적을 등록하러 갔습니다. 마리아는 그때에 임신 중이었습니다.

6 이들이 베들레헴에 있는 동안 아기를 낳을 때가 되었습니다.

7 마리아는 첫아들을 낳아 포대기에 싸서 구유에 눕혀 두었습니다. 그것은 여관에 이들이 들어갈 빈 방이 없었기 때문입니다.

※ **아구스도 황제(2:1)** 로마 황제 옥타비아누스. ※ **호적 등록(2:1)** 세금을 걷기 위한 목적으로 인구를 조사했다. ※ **베들레헴(2:4)** '떡집'이라는 뜻으로, 다윗 왕이 태어나고 자란 고향이다.

8 그 근처 들판에서 목자들이 밤에 양 떼를 지키고 있었습니다.

9 주님의 천사가 갑자기 이들 앞에 나타났습니다. 주님의 영광이 그들을 둘러 비추자, 이들은 몹시 두려워하였습니다.

10 천사가 그들에게 말했습니다.

두려워 마라. 보아라. 모든 백성을 위한 큰 기쁨의 소식을 가지고 왔다.

11 "오늘 다윗의 마을에 너희를 위하여 구세주께서 태어나셨다. 그는 곧 그리스도 주님이시다.

12 포대기에 싸여 구유에 누워 있는 아기를 볼 것인데, 이것이 너희에게 주는 증거이다."

13 갑자기 그 천사와 함께 많은 하늘 군대가 나타나 하나님을 찬양하였습니다.

누가복음 TIP

요셉과 마리아는 베들레헴과는 멀리 떨어진 나사렛에 살고 있었어요. 그러나 갑자기 로마의 황제가 호적을 등록하라고 명령해 고향인 베들레헴으로 가게 되었지요. 베들레헴은 다윗의 고향이고, 미가 선지자가 다윗의 후손인 메시아가 태어날 것이라고 예언한 곳이에요. 마리아와 요셉은 황제의 명령 때문에 베들레헴에 갔지만, 사실은 모든 상황을 인도하고 계시는 하나님의 계획에 따라 베들레헴으로 간 것이에요. 예수님은 약속의 말씀대로 베들레헴의 허름한 마구간에서 태어나셨어요.

"높은 곳에서는 하나님께 영광! 땅에서는 하나님께서 기뻐하시는 사람들에게 평화."

15 천사들이 목자들에게서 떠나 하늘로 사라지자, 목자들이 서로 말했습니다. "베들레헴으로 어서 가서 주께서 우리에게 알려 주신 일이 일어났는지 확인합시다."

16 이들은 서둘러 가서 마리아와 요셉, 그리고 구유에 누인 아기를 보았습니다.

17 목자들이 확인하고 이 아이에 대하여 자기들이 들은 것을 그들에게 이야기해 주었습니다.

18 목자들의 말을 듣고 사람들은 모두 놀랐습니다.

19 그러나 마리아는 이 모든 말을 마음속에 소중히 간직하였습니다.

20 목자들은 돌아가면서 천사들이 일러준 대로 자기들이 듣고 보았으므로 하나님께 영광을 돌리고 찬양을 드렸습니다.

※ **사람들에게 평화**(2:14) 예수님의 탄생으로, 죄로 인해 깨졌던 하나님과 사람의 관계가 회복되었음을 말한다. ※ **목자들**(2:15) 가난하고 낮은 신분이었으나 최초로 복음을 듣고 예수님을 만난 사람들이 되었다.

21 태어난 지 팔 일째 되는 날에 아기는 할례를 받았고, 그 이름을 예수라고 하였습니다. 이 이름은 아기가 뱃속에 있을 때에 천사가 일러 준 것이었습니다.

22 모세의 율법에 따라 정결 예식을 치르는 때가 되었습니다. 마리아와 요셉은 예수님을 하나님께 드리려고 예루살렘으로 데리고 올라갔습니다.

23 이것은 주님의 율법에 다음과 같이 기록되어 있기 때문입니다. "첫 번째 태어나는 모든 남자 아이는 하나님께 거룩한 자로 불릴 것이다."

24 또 마리아와 요셉은 비둘기 두 마리나 어린 집비둘기 두 마리를 드려야 한다고 기록된, 하나님의 율법에 따라 희생 제물을 바치려고 예루살렘에 올라간 것입니다.

25 예루살렘에 시므온이라는 한 사람이 있었습니다. 이 사람은 의롭고 경건한 사람으로서, 하나님께서 이스라엘을 위로하실 때를 기다리고 있었습니다. 성령께서 이 사람과 함께하셨습니다.

26 성령께서 시므온에게 주 그리스도를 보기 전에는 결코 죽지 않을 것이라는 계시를 주셨습니다.

27 시므온은 성령으로 충만해져서 성전으로 왔습니다. 마침 마리아와 요셉이 율법의 규정대로 행하기 위해 어린 예수님을 성전으로 데리고 왔습니다.

28 시므온이 아이를 팔에 안고 하나님께 찬양하였습니다.

※ **정결 예식(2:22)** 아이를 낳은 어머니는 율법이 정한 때에 제사장에게 가서 번제와 속죄제를 드리는 예식을 치렀다.

※ **시므온(2:25)** '하나님께서 들으셨다'는 뜻의 이름으로, 메시아의 탄생을 기다리던 유대인.

29 주님, 이제 주님의 종을 주님의 말씀대로 평화롭게 떠날 수 있게 하셨습니다.

30 "제 눈으로 주님의 구원 하심을 보았습니다.

31 주님께서 이 구원을 모든 백성들 앞에 마련해 주셨습니다.

32 이는 이방 사람들에게는 계시의 빛이며, 주님의 백성 이스라엘에게는 영광입니다."

33 예수님의 아버지와 어머니는 시므온이 예수님에 대하여 말하는 것을 듣고 매우 놀랐습니다.

34 시므온은 그들을 축복하고, 아이의 어머니 마리아에게 말했습니다.

이 아이는 이스라엘의 많은 사람들을 넘어지게도 하고 일어서게도 할 것입니다. 또한 사람들의 비난을 받는 표적이 될 것입니다.

35 이 일 때문에 많은 사람들의 마음에 있는 생각이 드러날 것입니다. 그러나 당신의 마음은 칼로 쪼개듯이 아플 것입니다.

36 또 여자 예언자가 있었습니다. 이 사람은 아셀 지파의 바누엘의 딸인 안나였습니다. 그녀는 나이가 많았습니다. 결혼하고 칠 년 동안을 남편과 살았는데,

※ **계시의 빛(2:32)** 예수님께서 어둠과도 같은 죄와 사망에 빠진 사람들에게 비추는 구원의 빛이심을 뜻한다. ※ **비난을 받는 표적(2:34)** 시므온은 예수님이 유대인과 이방인들에게 고난을 받으실 것을 예언했다.

37 그 후로 과부가 되어 팔십사 세가 되었습니다. 그동안 한 번도 성전을 떠나지 않고 밤낮으로 금식과 기도를 하여 하나님을 섬겼습니다.

38 바로 그때, 그녀가 와서 하나님께 감사를 드리고, 예루살렘의 구원을 기다리는 사람들에게 이 아이에 대해 이야기하였습니다.

39 아이는 주님의 율법에 따라 모든 일을 다 마치고 갈릴리에 있는 고향 나사렛으로 돌아왔습니다.

40 아이는 점점 자라고 튼튼해졌으며 지혜도 많아졌습니다. 하나님의 은혜가 아이와 함께하였습니다.

41 해마다 유월절이 되면, 예수님의 부모는 예루살렘으로 올라갔습니다.

42 예수님이 열두 살이 되었을 때에도 유월절 관습을 따라 예루살렘으로 올라갔습니다.

43 유월절이 끝나고 집으로 돌아오는데 소년 예수님은 예루살렘에 남아 있었습니다. 하지만 부모들은 이 사실을 몰랐습니다.

44 단지 그들은 예수님이 일행들 속에 있을 것으로만 생각하고 있었습니다. 그렇게 하루 정도 길을 간 후, 요셉과 마리아는 예수님을 친척들과 친지들 가운데서 찾기 시작했습니다.

※ **유월절(2:41)** 유대인들이 애굽에서 해방된 날을 기념하는 이스라엘 최대의 절기. ※ **열두 살(2:42)** 유대 남자들은 열세 살부터 성인으로 간주되어 율법을 연구할 수 있었다. 이때 예수님은 부모의 책임 아래 있는 아이였다.

45 그러나 예수님을 발견하지 못하자 예수님을 찾으러 다시 예루살렘으로 되돌아갔습니다.

46 삼 일 뒤에 그들은 성전에서 예수님을 발견하였습니다. 예수님은 성전에서 율법학자들 사이에 앉아서 듣기도 하고, 묻기도 하면서 계셨습니다.

47 그의 이야기를 듣는 모든 사람들이 예수님의 슬기와 대답에 놀라워했습니다.

48 예수님의 부모도 그를 보고는 매우 놀랐습니다. 어머니가 말했습니다. "아들아, 왜 이렇게 하였느냐? 네 아버지와 내가 걱정하며 너를 찾아다녔다."

49 그때, 예수님께서 대답했습니다. "왜 저를 찾으셨습니까? 제가 아버지 집에 있어야 할 것을 모르셨습니까?"

50 그러나 그들은 예수님이 하신 말씀을 이해하지 못했습니다.

51 예수님은 부모와 함께 나사렛으로 내려갔습니다. 그리고 부모에게 순종하였습니다. 마리아는 이 모든 일들을 마음속에 간직해 두었습니다.

52 예수님은 지혜와 키가 더욱 자랐고, 하나님과 사람들로부터 사랑을 받았습니다.

※ **아버지 집**(2:49) 어린 시절부터 예수님은 자신이 하나님의 아들임을 알고 계셨다. ※ **부모에게 순종**(2:51) 예수님은 공생애를 시작하시기 전까지는 부모인 요셉과 마리아에게 순종하는 평범한 삶을 사셨다.

누가복음 3장

1 디베료 황제가 다스린 지 십오 년째 되던 해에 본디오 빌라도가 유대의 총독이었고, 헤롯이 갈릴리의 분봉왕이었습니다. 또한 헤롯의 동생 빌립은 이두래와 드라고닛 지방의 분봉왕이었고, 루사니아는 아빌레네의 분봉왕이었습니다.

2 안나스와 가야바가 대제사장으로 있을 때에 하나님의 말씀이 광야에 있는 사가랴의 아들 요한에게 내렸습니다.

3 그는 요단 강가의 모든 지역으로 다니면서 죄를 용서받게 하려고 회개의 세례를 전파하였습니다.

4 이것은 예언자 이사야의 책에 기록된 대로입니다. "광야에서 외치는 사람의 소리가 있다. '주님의 길을 예비하여라. 그분의 길을 곧게 하여라.

5 모든 골짜기가 메워질 것이고 모든 산과 언덕이 낮아질 것이다. 굽은 길은 곧게 펴질 것이고 험한 길은 평탄해질 것이다.

6 그리고 모든 사람들이 하나님의 구원을 볼 것이다.'"

7 요한은 자기에게 세례를 받으려고 온 많은 사람들에게 말했습니다.

너희 독사의 자식들아! 누가 너희에게 다가오는 하나님의 진노를 피하라고 경고해 주었느냐?

※ **분봉왕**(3:1) 나라의 1/4을 다스리는 왕. ※ **대제사장**(3:2) 하나님과 사람 사이의 다리 역할을 하며 이스라엘의 죄를 대속하는 예배를 준비하고 진행하는 사람. 다른 제사장들보다 더욱 성결해야했다.

8 그러므로 너희는 회개에 알맞은 열매를 맺어라. 너희는 속으로 '아브라함이 우리의 아버지이다'라고 말하지 마라. 내가 말한다. 하나님은 이 돌로도 아브라함의 자녀를 만드실 수 있다.

9 도끼가 이미 나무 뿌리에 놓여 있다. 그러므로 좋은 열매를 맺지 못하는 모든 나무는 잘려서 불 속에 던져질 것이다.

10 사람들이 요한에게 물었습니다.

그러면 우리가 어떻게 해야 합니까?

11 요한이 그들에게 대답했습니다.

옷이 두 벌 있는 사람은 하나도 없는 사람에게 나누어 주고, 양식이 있는 사람도 이와 같이 하여라.

12 세리들도 세례를 받으러 왔습니다. 그들도 요한에게 물었습니다.

선생님, 우리는 어떻게 해야 합니까?

13 요한이 그들에게 말했습니다.

세금을 거두도록 지시 받은 액수 이상으로 거두지 마라.

14 군인들도 요한에게 물었습니다. "우리는 어떻게 해야 합니까?" 요한이 그들에게 말했습니다. "사람들로부터 강제로 돈을 뺏지 마라. 거짓으로 고발하지 마라. 그리고 임금으로 받는 돈을 만족하게 여겨라."

※ 회개(3:8) 자신이 죄인임을 인정하며 하나님께로 돌이키기로 작정하는 것이다. ※ 세리(3:12) 세금을 거두어들이는 관리로 로마를 위해 일하며 부당하게 많은 세금을 거둬 가기도 하여 유대 사람들의 미움을 받았다.

15 백성들은 그리스도를 기다리고 있었기에 혹시 요한이 그리스도일지도 모른다는 생각을 마음속으로 하였습니다.

16 요한이 모든 사람들에게 대답하였습니다. "나는 물로 세례를 주지만 나보다 더 능력 있으신 분이 오실 것이다. 나는 그의 신발끈을 풀기에도 부족하다. 그는 너희에게 성령과 불로 세례를 주실 것이다.

17 타작마당을 깨끗하게 하고 알곡을 곳간에 저장하기 위해, 그분은 손에 키를 드셨다. 쭉정이는 꺼지지 않는 불에 태워 버릴 것이다."

18 요한은 이 외에도 많은 권면을 하면서 백성들에게 복음을 전파하였습니다.

19 헤롯 분봉왕은 헤로디아의 일과 그 외에도 그가 저지른 여러 가지 악한 일 때문에 요한에게 책망을 받았습니다.

20 거기에다가 헤롯은 한 가지 악을 더 저질렀습니다. 그것은 요한을 감옥에 가둔 것입니다.

21 모든 사람들이 세례를 받았을 때, 예수님께서도 세례를 받으셨습니다. 예수님이 기도하고 계실 때 하늘이 열렸습니다.

※ **그리스도(3:15)** '기름부음 받은 자'라는 뜻으로, 온 인류를 구원할 자라는 의미. ※ **알곡(3:17)** 쭉정이나 이물질이 섞이지 않은 깨끗하고 알찬 곡식. ※ **쭉정이(3:17)** 껍질만 있고 속에 알맹이가 없는 곡식이나 과일의 열매.

22 그리고 성령이 비둘기의 모습으로 예수님께 내려왔습니다. 하늘로부터 "너는 내 사랑하는 아들이다. 내가 너로 말미암아 기쁘다"라는 목소리가 들렸습니다.

23 예수님께서 일을 시작하신 때는 삼십 세쯤이었습니다. 사람들은 예수님을 요셉의 아들로 여겼습니다. 요셉은 헬리의 아들입니다.

24 헬리는 맛닷의 아들이고, 맛닷은 레위의 아들입니다. 레위는 멜기의 아들이고, 멜기는 얀나의 아들입니다. 얀나는 요셉의 아들입니다.

25 요셉은 맛다디아의 아들이고, 맛다디아는 아모스의 아들입니다. 아모스는 나훔의 아들이고, 나훔은 에슬리의 아들입니다. 에슬리는 낙개의 아들입니다.

B. C. 63
로마군대의
예루살렘 점령

26 낙개는 마앗의 아들이고, 마앗은 맛다디아의 아들입니다. 맛다디아는 서머인의 아들이고, 서머인은 요섹의 아들입니다. 요섹은 요다의 아들입니다.

B. C. 332 알렉산더 군대의 성전모독

누가복음 TIP

마태복음에 나오는 요셉의 족보는 다윗의 아들 솔로몬에서 내려오지만, 누가복음의 족보는 다윗의 아들 나단에서 내려와요. 왜냐하면 누가복음은 요셉의 족보가 아닌 마리아의 족보를 기록한 것이기 때문이에요. 예수님은 마리아를 따라 혈통적으로, 요셉을 따라 법적으로도 다윗의 자손이세요. 요셉과 마리아의 만남은 우연이 아니었어요. 예수님을 이 세상에 보내시기 위해 아주 오래전부터 하나님께서 계획하신 만남이고, 결혼이었지요.

27 요다는 요아난의 아들이고, 요아난은 레사의 아들입니다. 레사는 스룹바벨의 아들이고, 스룹바벨은 스알디엘의 아들입니다. 스알디엘은 네리의 아들입니다.

B.C. 403
성전재건

스룹바벨

28 네리는 멜기의 아들이고, 멜기는 앗디의 아들입니다. 앗디는 고삼의 아들이고, 고삼은 엘마담의 아들입니다. 엘마담은 에르의 아들입니다.

B.C. 536
포로귀환

29 에르는 예수의 아들이고, 예수는 엘리에서의 아들입니다. 엘리에서는 요림의 아들이고, 요림은 맛닷의 아들입니다. 맛닷은 레위의 아들입니다.

B.C. 606
바벨론 포로

30 레위는 시므온의 아들이고, 시므온은 유다의 아들입니다. 유다는 요셉의 아들이고, 요셉은 요남의 아들입니다. 요남은 엘리아김의 아들입니다.

31 엘리아김은 멜레아의 아들이고, 멜레아는 멘나의 아들입니다. 멘나는 맛다다의 아들이고, 맛다다는 나단의 아들입니다. 나단은 다윗의 아들입니다.

· 다윗

32 다윗은 이새의 아들이고, 이새는 오벳의 아들입니다. 오벳은 보아스의 아들이고, 보아스는 살몬의 아들입니다. 살몬은 나손의 아들입니다.

보아스

룻

33 나손은 아미나답의 아들이고, 아미나답은 아드민의 아들입니다. 아드민은 아니의 아들이고, 아니는 헤스론의 아들입니다. 헤스론은 베레스의 아들이고, 베레스는 유다의 아들입니다.

유다

다말

34 유다는 야곱의 아들이고, 야곱은 이삭의 아들입니다. 이삭은 아브라함의 아들이고, 아브라함은 데라의 아들입니다. 데라는 나홀의 아들입니다.

이삭

아브라함

※ **비둘기**(3:22) 비둘기는 '죽음 가운데 생명을 전달하는 이미지'를 가지고 있다. ※ **삼십 세쯤**(3:23) 삼십 세는 제사장이 본격적으로 사역을 시작하는 나이면서, 유대 사회에서 성숙한 어른으로 인정을 받는 나이였다.

35 나홀은 스룩의 아들이고, 스룩은 르우의 아들입니다. 르우는 벨렉의 아들이고, 벨렉은 헤버의 아들입니다. 헤버는 살라의 아들입니다.

바벨탑

36 살라는 가이난의 아들이고, 가이난은 아박삿의 아들이고, 아박삿은 셈의 아들이고, 셈은 노아의 아들입니다. 노아는 레멕의 아들입니다.

노아

37 레멕은 므두셀라의 아들이고, 므두셀라는 에녹의 아들입니다. 에녹은 야렛의 아들이고, 야렛은 마할랄렐의 아들입니다. 마할랄렐은 가이난의 아들입니다.

므두셀라

38 가이난은 에노스의 아들이고, 에노스는 셋의 아들입니다. 셋은 아담의 아들이고, 아담은 하나님의 아들이었습니다.

아담

누가복음 TIP

아담	930살
셋	912살
에노스	905살
가이난	910살
마할랄렐	895살
야렛	962살
에녹	365살
므두셀라	969살
레멕	770살
노아	홍수 950살

할아버지는 배꼽 없지요?

그런 것 묻지마!

에녹이 형방불명!!

잘 찾아뵀어?

잡자

티라노

가이난

레멕
아담
므두셀라
야렛
마할랄렐

위의 도표를 보니 아담을 비롯한 모든 사람들이 같은 시대에 살았네요. 한 마을에서 모여 살았겠죠?

누가복음 4장

1 예수님께서 성령이 충만하여 요단 강에서 돌아오셨습니다. 그리고 성령에 이끌려 광야로 가셨습니다.

2 그리고 사십 일 동안 마귀에게 시험을 받으셨습니다. 그동안에 아무것도 드시지 않아 그 기간이 끝났을 때에 배가 매우 고프셨습니다.

3 마귀가 예수님께 말했습니다. "만약 당신이 하나님의 아들이거든 이 돌을 **빵**으로 만들어 보시오."

4 예수님께서 대답하셨습니다.

성경에 '사람이 빵으로만 살 것이 아니다'라고 쓰여 있다.

5 마귀는 예수님을 데리고 세계의 모든 나라들을 보여 주었습니다.

6 마귀가 말했습니다. "내가 이 모든 권세와 영광을 주겠소. 이것은 모두 내게 넘어온 것이니, 내가 원하는 사람에게 줄 수 있소."

7

내게 엎드려 절하면, 이 모든 것이 당신의 것이 될 것이오.

※ **마귀(4:2)** 예수님은 자신의 욕심이나 죄로 시험을 받으신 것이 아니라 최고의 대적이자 악의 근원인 마귀에게 시험을 받으셨고, 승리하셨다. ※ **사람이…아니다(4:3)** 신명기 8장 3절을 인용한 것이다.

8 예수님께서 대답하셨습니다.

성경에 '주 너의 하나님을 예배하고 오직 그분만을 섬겨라'라고 쓰여 있다!

9 마귀가 예수님을 예루살렘으로 데리고 가서 성전 꼭대기에 세우고 말했습니다. "만일 당신이 하나님의 아들이거든 여기서 뛰어내리시오.

10 성경에 이렇게 쓰여 있소. '그가 너를 위하여 천사에게 명령하여 너를 지킬 것이다.

11 그들의 손으로 너를 붙들어 네 발이 바위 위에 부딪히지 않게 할 것이다.'"

12 예수님께서 대답하셨습니다.

성경에 '주 너의 하나님을 시험하지 마라'고 쓰여 있다!

13 온갖 시험을 마친 마귀는 더 좋은 기회를 노리려고 잠시 동안, 예수님을 떠나갔습니다.

※ **하나님의 아들(4:9)** 예수님은 하나님의 '사랑하는 아들'이며 하나님의 뜻을 성취하시기 위해 하나님을 신뢰하고 순종하는 '여호와의 종'이셨다.

14 예수님께서 성령의 능력을 가지고 갈릴리로 되돌아가셨습니다. 예수님에 대한 소문이 모든 지역에 퍼졌습니다.

15 예수님께서는 회당에서 가르치셨으며, 모든 사람들로부터 영광을 받으셨습니다.

16 예수님께서 자라나신 나사렛에 도착했습니다. 평소의 습관처럼 예수님께서 안식일에 회당으로 가셔서 성경을 읽으려고 일어나셨습니다.

17 예수님께서는 예언자 이사야의 책을 건네 받으시고 책을 펴서 이렇게 기록된 곳을 찾아 읽으셨습니다.

18 주님의 성령이 내게 내리셨다. 이것은 하나님께서 내게 기름을 부으셔서 가난한 자에게 복음을 전파하게 하려는 것이다!

포로들에게 자유를 선포하고, 못 보는 자들에게 다시 볼 수 있음을 선포하고, 억눌린 사람들에게 해방을 선포하려고 나를 보내셨다!

누가복음 TIP

예수님은 나사렛의 회당에서 이사야의 말씀을 전하셨어요. 가난한 자, 포로 된 자, 못 보는 자, 억눌린 자를 자유롭게 하시고, 고쳐주시겠다는 말씀이었어요. 또한 '희년에 대한 말씀'도 있었지요. 구약의 율법은 7년마다 돌아오는 안식년이 7번 지난 후 50년째에 희년을 지키게 해요. 희년이 오면 종들은 자유를 얻고, 남에게 팔린 땅은 되돌려 받게 되어있어요. 이렇게 희년이 오면 사람들이 자유를 얻고 기뻐하듯이, 예수님은 이 땅에 오셔서 우리를 죄의 문제에서 자유롭게 하시고, 몸과 마음이 아픈 사람들을 고치시며 기쁨을 주신 분이세요.

19

주님의 은혜의 해를
선포하라고 하셨다!

20 예수님께서 책을 덮으시고 시중드는 사람에게 되돌려 주신 후 자리에 앉으셨습니다. 회당에 있던 모든 사람들의 눈이 예수님께로 쏠렸습니다.

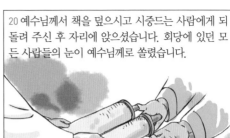

21 예수님께서 그들에게 말씀하기 시작하셨습니다.

이 성경 말씀은 오늘 이 말씀을
듣는 사이에 이루어졌다!

22 모든 사람들이 예수님에 대해 한 마디씩 말하였습니다. 그리고 예수님의 입에서 흘러 나오는 은혜의 말씀을 이상하게 생각했습니다. 그러면서 "이 사람이 요셉의 아들이 아니냐?" 하고 말했습니다.

23 예수님께서 그들에게 말씀하셨습니다.

나는 당신들이 속담에 빗대어 나에 대해,
'의사야, 네 자신이나 고쳐라. 당신이
가버나움에서 행한 일을 들었는데 여기
고향에서도 그 일을 한번 해 보아라!'고
한 것을 안다.

24 "내가 진정으로 너희에게 말한다. 예언자는 고향에서 환영받지 못한다.

※ **회당**(4:20) 유대인이 하나님을 예배하고 율법을 가르치는 곳. ※ **의사야…고쳐라**(4:23) 남을 도우려면 먼저 자신을 도울 수 있음을 증명하라는 뜻으로, 다른 곳에서 행한 기적을 자기들에게도 보이면 믿겠다는 뜻이다.

25 내가 진정으로 너희에게 말한다. 엘리야 시대에 삼 년 육 개월 동안, 하늘이 닫혀 온 땅에 가뭄이 몹시 심했을 때 이스라엘에 많은 과부가 있었다.

26 그러나 엘리야는 이들 가운데 그 누구에게도 보냄을 받지 않았고 오직 시돈 지방의 사렙다에 있는 과부에게만 보내졌다.

27 또 엘리사 예언자 시대에 이스라엘에는 많은 문둥병 환자가 있었다. 그러나 시리아 사람 나아만 외에는 아무도 깨끗하게 되지 못했다."

28 회당에 있던 모든 사람들이 이 말을 듣고 몹시 화를 냈습니다.

29 이 사람들은 들고 일어나 예수님을 마을 밖으로 쫓아냈습니다. 이들은 마을이 세워진 언덕의 벼랑까지 예수님을 끌고 가서 밑으로 밀쳐 떨어뜨리려고 하였습니다.

30 그러나 예수님께서는 사람들 사이를 지나 갈 길을 가셨습니다.

※ **엘리사(4:27)** '하나님은 나의 구원'이라는 뜻의 이름으로, 선지자 엘리야의 제자이자 후계자이다. ※ **문둥병(4:27)** 나균에 감염되어 피부 감각이 마비되고, 세균 감염으로 쉽게 피부가 상해 손발이나 얼굴에 변형이 오는 만성 전염병.

31 예수님께서는 갈릴리의 가버나움이란 마을로 내려가셔서 안식일에 사람들을 가르치셨습니다.

32 사람들은 예수님의 가르침에 놀랐습니다. 그것은 예수님의 말씀에 권위가 있었기 때문입니다.

33 회당에 더러운 귀신의 영에 사로잡힌 사람이 있었습니다. 그가 큰 소리로 외쳤습니다.

34 나사렛 사람 예수님! 당신이 우리와 무슨 상관이 있습니까? 우리를 없애려고 오셨습니까? 나는 당신이 누군지 압니다. 당신은 하나님의 거룩한 자입니다.

35 예수님께서 그를 꾸짖으셨습니다. "조용히 하여라! 그리고 이 사람에게서 나와라!" 귀신이 그를 사람들 한가운데 쓰러뜨려 놓고 떠나갔는데, 그 사람에게 상처는 입히지 않았습니다.

36 사람들은 매우 놀라며 서로 말했습니다. "이것이 무슨 말씀인가? 권위와 능력을 가지고 더러운 귀신에게 명령을 하니 그것들이 나가는구나."

37 예수님에 관한 소문이 그 주위의 모든 지역에 점점 퍼져 나갔습니다.

38 예수님께서 회당을 떠나 시몬의 집으로 들어가셨습니다. 그런데 시몬의 장모가 높은 열로 심하게 앓고 있었습니다. 사람들이 그를 위해 예수님께 부탁을 드렸습니다.

※ **안식일**(4:31) 일주일의 일곱 번째 날로, 금요일 저녁에서 토요일 저녁까지이다. 이날은 모든 일을 하지 않고 휴식을 취한다. ※ **시몬의 장모**(4:38) 예수님의 제자 베드로의 장모. 예수님은 사회적 약자였던 여성들도 돌보셨다.

39 예수님께서 시몬의 장모에게 가까이 다가가 보시고, 열병을 꾸짖으셨습니다. 그러자 열이 내리고 장모는 즉시 일어나서 예수님과 제자들을 섬겼습니다.

40 해가 질 때, 사람들은 여러 가지 병을 앓고 있는 사람들을 예수님께 데리고 왔습니다. 예수님께서 그들 모두에게 손을 얹으시고 고쳐 주셨습니다.

41 귀신들도 많은 사람에게서 떠나가며 소리를 질렀습니다. "당신은 하나님의 아들입니다!" 그러나 예수님께서 귀신들을 꾸짖어 말하지 못하게 하였습니다. 그것은 이들이 예수님이 그리스도라는 것을 알고 있었기 때문이었습니다.

42 날이 밝자, 예수님께서 조용한 곳으로 가셨습니다. 사람들이 예수님을 찾아다니다가 결국 예수님께로 왔습니다. 사람들은 예수님을 자기들에게서 떠나시지 못하도록 곁에 모시려고 하였습니다.

43 그러나 예수님께서 그들에게 "나는 다른 마을에서도 하나님 나라를 전하여야 한다. 내가 이 목적으로 보내심을 받았다"고 말씀하셨습니다.

44 예수님은 회당에서 복음을 선포하셨습니다.

누가복음 5장

1 사람들이 예수님께 몰려들어 하나님의 말씀을 듣고 있을 때였습니다. 예수님은 게네사렛 호숫가에 서 계셨습니다.

2 예수님께서 호숫가에 배 두 척이 놓여 있는 것을 보셨습니다. 어부들은 배에서 내려 그물을 씻고 있었습니다.

3 예수님께서 그중 하나인 시몬의 배에 오르셨습니다. 예수님께서 시몬에게 배를 육지로부터 조금 떼어 놓으라고 하시고 배에 앉으셔서 사람들을 가르치셨습니다.

4 말씀을 다 마치고 예수님께서 시몬에게 말씀하셨습니다.

> 깊은 데로 가서 그물을 내려 고기를 잡으라.

5 시몬이 대답하였습니다. "선생님, 우리가 밤새도록 수고하였지만 아무것도 잡지 못했습니다. 그러나 선생님의 말씀대로 그물을 내리겠습니다."

6 그대로 하니, 고기를 그물이 찢어질 정도로 많이 잡게 되었습니다.

※ **게네사렛 호숫가**(5:1) 갈릴리 호수의 다른 이름. ※ **그물**(5:4) 당시 그물은 흰 세마포를 만드는 흰색 실로 만들었기 때문에 물고기의 눈에 쉽게 뜨일 수 있는 낮에는 고기를 잡지 않았다.

7 그래서 다른 배에 있는 동료들에게 손짓을 하여 도와 달라고 하였습니다. 그들이 와서 고기를 두 배에 가득 채우니, 배가 가라앉을 지경이었습니다.

8 시몬 베드로가 이것을 보고 예수님의 무릎 앞에 엎드려 말했습니다.

주님, 제게서 떠나 주십시오. 저는 죄인입니다.

9 베드로와 그와 함께 있던 동료들은 자신들이 잡은 고기를 보고 놀랐던 것입니다.

10 세베대의 아들이면서 시몬의 동료인 야고보와 요한도 놀랐습니다. 예수님께서 시몬에게 말씀하셨습니다. "두려워하지 마라. 이제부터 너는 사람을 낚을 것이다."

11 그들은 육지에 배를 댄 후, 모든 것을 버려두고 예수님을 따라갔습니다.

12 예수님이 어떤 동네에 계실 때, 온몸에 문둥병이 걸린 사람이 있었습니다. 그가 예수님을 보고 머리를 숙여 간청하였습니다.

주님이 원하시면 저를 깨끗하게 하실 수 있습니다.

13 예수님께서 손을 내밀고 그에게 대시며 말씀하셨습니다. "내가 원한다. 깨끗하게 되어라." 그 즉시 문둥병이 그에게서 사라졌습니다.

14 예수님께서는 이 일을 아무에게도 말하지 말라고 이르셨습니다. 그리고 "가서 제사장에게 네 몸을 보여라. 또 모세가 명령한 대로 네가 깨끗하게 된 예물을 드려라. 그래서 사람들에게 증거를 삼아라"고 말씀하셨습니다.

15 그런데도 예수님에 관한 소문은 더욱더 멀리 퍼져 나갔습니다. 많은 사람들이 예수님의 말씀을 듣고 병을 고치기 위해 모여들었습니다.

16 그러나 예수님께서는 홀로 광야로 가서서 기도하셨습니다.

17 어느 날, 예수님께서 가르치고 계실 때, 갈릴리와 유대의 모든 마을과 예루살렘에서 온 바리새파 사람과 율법학자들도 거기에 앉아 있었습니다. 주님의 능력이 예수님과 함께하셔서 사람들을 고쳤습니다.

18 그때, 어떤 사람들이 중풍병에 걸린 사람을 침상에 눕힌 채로 데려왔습니다. 이들은 병자를 데리고 가서 예수님 앞에 보이려고 했습니다.

19 그러나 사람들이 너무 많아서 예수님께 데리고 갈 방법을 찾을 수가 없었습니다. 그들은 지붕 위로 올라가서 지붕을 뚫고 환자를 침상에 누인 채 예수님 앞 한가운데로 매달아 내렸습니다.

※ **모세가 … 예물을**(5:14) 문둥병 환자는 율법에 정해진 규정에 따라 제물을 드리고 완전히 나았다는 것을 확인 받은 후에 다시 공동체에 돌아올 수 있었다.

20 그들의 믿음을 보시고 예수님께서 환자에게 말씀하셨습니다.

친구여, 네 죄가 용서받았다.

21 율법학자들과 바리새파 사람들이 속으로 생각하기 시작했습니다.

이 사람이 누구인데 하나님을 모독하는가? 하나님 외에 누가 죄를 용서할 수 있단 말인가?

22 예수님께서 그들의 생각을 아시고 그들에게 대답하셨습니다.

왜 마음속에 그런 생각을 하느냐?

23

'네 죄가 용서받았다' 라고 하는 것과 '일어나 걸어라'고 말하는 것 중에서 어느 것이 더 쉽겠느냐?

24 "그러나 인자가 이 세상에서 죄를 용서하는 권세를 가지고 있다는 것을 알려 주려는 것이다." 예수님께서 중풍병자에게 말씀하셨습니다.

내가 말한다. 일어나 네 침상을 가지고 집으로 가거라.

25 그 즉시, 그 사람은 사람들 앞에서 일어났습니다. 그리고 자신이 누웠던 침상을 들고 하나님께 영광을 돌리며 집으로 돌아갔습니다.

26 사람들이 놀라움에 사로잡혔습니다. 사람들은 하나님께 영광을 돌리고 두려워하며 말했습니다.

오늘 우리가 신기한 일을 보았다.

※ **인자**(5:24) 예수님께서 자신을 가리키는 호칭으로 자주 사용하신 표현. ※ **중풍병**(5:24) 뇌혈관의 장애로 갑자기 정신을 잃고 넘어져서 반신불수, 언어 장애 등의 후유증을 남기는 병.

27 그 후에 예수님께서 길을 가시다가 레위라는 세리가 세관에 앉아 있는 것을 보시고 그에게 말씀하셨습니다.

나를 따르라!

28 레위는 모든 것을 버려두고 일어나 예수님을 따라갔습니다.

29 레위는 자기 집에서 예수님을 위해 큰 잔치를 베풀었습니다. 거기에는 많은 세리들과 그 밖의 사람들이 함께 음식을 먹고 있었습니다.

30 바리새파 사람들과 율법학자들이 예수님의 제자들을 비방하였습니다. "왜 당신들은 세리들과 죄인들과 더불어 먹고 마십니까?"

31 예수님께서 그들에게 대답하셨습니다.

의사가 필요한 사람은 건강한 사람이 아니라 병든 사람이다.

32

나는 의인을 부르려고 온 것이 아니라, 죄인을 불러 회개시키려고 왔다.

33 사람들이 예수님께 말했습니다. "요한의 제자들은 자주 금식하고 기도를 합니다. 바리새파 사람들도 이같이 합니다. 그런데 당신의 제자들은 항상 먹고 마시는군요."

※ **레위(5:27)** 세리 마태를 말한다. ※ **금식하고 기도를(5:33)** 세례 요한의 제자들은 그의 금욕적인 습관을 따라 종종 금식했다. 바리새인들은 민족을 위해서 매주 월요일과 목요일에 금식했다.

34 예수님께서 이들에게 말씀하셨습니다. "신랑이 결혼 잔치의 손님들과 함께 있는데 이들에게 금식하라고 할 수 없지 않느냐?"

35

그러나 그들이 신랑을 빼앗길 때가 올 텐데 그때는 금식할 것이다.

36 예수님께서 이들에게 비유를 말씀하셨습니다. "아무도 새 옷에서 한 조각을 떼어 내어 낡은 옷에 붙이지 않는다. 만일 그렇게 하면 새 옷은 찢어지고 새 옷에서 떼어 낸 그 조각이 낡은 옷에 어울리지도 않을 것이다.

37 아무도 새 포도주를 낡은 가죽 부대에 넣지 않는다. 만일 그렇게 하면 새 포도주가 그 가죽 부대를 터뜨려서 포도주는 쏟아지고, 가죽 부대도 망가질 것이다.

38 새 포도주는 새 가죽 부대에 넣어야 한다.

39 아무도 묵은 포도주를 마시고 나서 새 포도주를 원하지 않는다. 왜냐하면 '묵은 포도주가 더 좋다'라고 하기 때문이다."

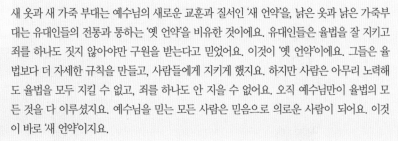

누가복음 TIP

새 옷과 새 가죽 부대는 예수님의 새로운 교훈과 질서인 '새 언약'을, 낡은 옷과 낡은 가죽부대는 유대인들의 전통과 통하는 '옛 언약'을 비유한 것이에요. 유대인들은 율법을 잘 지키고 죄를 하나도 짓지 않아야만 구원을 받는다고 믿었어요. 이것이 '옛 언약'이에요. 그들은 율법보다 더 자세한 규칙을 만들고, 사람들에게 지키게 했지요. 하지만 사람은 아무리 노력해도 율법을 모두 지킬 수 없고, 죄를 하나도 안 지을 수 없어요. 오직 예수님만이 율법의 모든 것을 다 이루셨어요. 예수님을 믿는 모든 사람은 믿음으로 의로운 사람이 되어요. 이것이 바로 '새 언약'이지요.

누가복음 6장

1 안식일에 예수님께서 밀밭 사이로 지나가셨습니다. 제자들이 밀 이삭을 잘라 손으로 비벼서 먹었습니다.

2 그러자 몇몇 바리새파 사람들이 말했습니다. "어찌하여 당신들은 안식일에 해서는 안 되는 일을 합니까?"

3 예수님께서 그들에게 대답하셨습니다. "너희들은 다윗과 그 부하들이 굶주렸을 때, 다윗이 한 일을 읽어 보지 못했느냐?"

4 다윗은 하나님의 집에 들어가서 제사장들 외에는 그 누구도 먹어서는 안 되는 진설병을 먹고 자기 부하들에게도 주지 않았느냐?

5 예수님께서 바리새파 사람들에게 말했습니다.

인자는 안식일의 주인이다.

6 또 다른 안식일에 예수님께서 회당에 가셔서 가르치고 계셨습니다. 거기에 오른손이 오그라든 사람이 있었습니다.

7 율법학자들과 바리새파 사람들이 예수님께서 안식일에 사람을 고치시는지 보기 위해 살피고 있었습니다. 그들은 예수님을 고소할 거리를 찾으려고 하였습니다.

※ **진설병**(6:4) 이스라엘의 열두 지파를 의미하는 뜻으로 하나님 앞에 놓는 열두 개의 떡. 대제사장이 안식일마다 하나님께 바쳤다. ※ **인자는 안식일의 주인**(6:5) 안식일을 만드신 하나님과 예수님은 동등한 권위를 갖고 계시다.

8 예수님께서 그들의 생각을 아시고 손이 오그라든 사람에게 말씀하셨습니다. "일어나 앞으로 나오너라." 그러자 그 사람이 일어나 앞으로 나왔습니다.

9 예수님께서 말씀하셨습니다.

너희에게 묻겠다. 안식일에 선한 일을 하는 것이 옳으냐, 악한 일을 하는 것이 옳으냐? 생명을 살리는 것이 옳으냐, 죽이는 것이 옳으냐?

10 예수님께서 주위에 있는 사람들을 둘러보신 후, 그 사람에게 말씀하셨습니다. "네 손을 내밀어라." 그 사람이 그렇게 하니, 그의 손이 회복되었습니다.

11 그러자 그들은 화가 나서 예수님을 어떻게 처리할까 하고 서로 의논하였습니다.

12 그때, 예수님께서 기도하러 산으로 올라가셨습니다. 예수님께서 밤을 지새며 하나님께 기도하였습니다.

누가복음 TIP

바리새인들은 예수님과 제자들이 안식일을 지키지 않는다고 비난했어요. 율법에 따르면 안식일에는 아무 일도 해서는 안 되는데 제자들은 밀 이삭을 손으로 잘라 먹었고, 예수님은 손이 오그라든 사람을 고쳐 주셨기 때문이에요. 바리새인들은 율법이 왜 있는 것인지는 생각하지 않은 채, 행동과 규칙만을 강조했어요. 하지만 예수님은 율법이 있는 이유는 사람들이 하나님을 사랑하고 서로를 사랑하도록 하기 위해서 임을 알고 계셨지요. 어떤 행동을 하든지 사랑과 자비의 마음을 가지고 행동하는 것이 중요하다는 거예요.

13 날이 밝자, 예수님께서 제자들을 부르셨습니다. 그리고 그들 중에서 열두 명을 뽑아 사도라고 부르셨습니다.

14 이들은 예수님께서 베드로라는 이름을 지어 주신 시몬과 그의 동생 안드레, 그리고 야고보와 요한, 그리고 빌립과 바돌로매,

15 그리고 마태와 도마, 알패오의 아들 야고보와 열심파라고 불리는 시몬,

16 야고보의 아들 유다와 배반자가 된 가롯 유다였습니다.

17 예수님께서 제자들과 함께 산에서 내려와 평지에 서 계셨습니다. 거기에는 제자들이 많이 있었고, 온 유대와 예루살렘과 두로와 시돈 해안 지방에서 온 사람들도 많이 있었습니다.

18 그들은 예수님의 말씀도 듣고 자신들의 병도 치료받으려고 왔습니다. 더러운 귀신으로 고생하는 사람들이 다 나았습니다.

19 사람들은 예수님을 만져 보려고 애썼습니다. 그것은 능력이 예수님에게서 나와 그들을 모두 낫게 하였기 때문입니다.

※ **열두 명을 뽑아 사도라고**(6:13) 숫자 '12'는 하나님의 백성들을 상징하는 수로, 구약에서는 열두 지파, 신약에서는 열두 제자로 표현된다. '사도'는 '보냄을 받은 자'라는 뜻으로, 예수님께 권세를 받고 보내심을 받은 자들을 말한다.

20 예수님께서 눈을 들어 제자들을 보시고 말씀하셨습니다.

가난한 사람들은 복이 있다. 그것은 하나님 나라가 저희들의 것이기 때문이다.

21 "지금 굶주린 사람들은 복이 있다. 그것은 너희가 배부르게 될 것이기 때문이다. 지금 우는 사람들은 복이 있다. 그것은 너희가 웃게 될 것이기 때문이다.

22 인자 때문에 사람들이 너희를 미워하고 너희를 배척하고 욕하고 누명을 씌울 때 너희에게 복이 있다.

23 그날에 기뻐하고 뛰어놀아라. 이는 하늘에서 너희의 상이 크기 때문이다. 그들의 조상들도 예언자들을 그렇게 대하였다.

24 그러나 너희 부자들은 화가 있다. 너희는 이미 위로를 다 받았다.

25 지금 배부른 너희들은 화가 있다. 너희가 굶주리게 될 것이다. 지금 웃는 사람들은 화가 있다. 너희가 슬퍼하며 울게 될 것이다.

누가복음 TIP

다른 사람이 나에게 해 주길 바라는 대로 먼저 다른 사람을 대하는 것을 성경의 '황금률(Golden Rule)'이라고 불러요. 황금률은 이기적인 욕심이 가득한 사람은 지킬 수 없어요. 그런 사람은 원수를 사랑하고, 나를 미워하는 사람에게 잘해주는 일도 할 수 없지요. 예수님이 말씀하신 이웃 사랑을 실천 할 수 있는 유일한 방법은 예수님으로 인해 마음의 주인이 바뀌는 거예요. 나 자신이 아니라 예수님을 사랑하며 그분의 뜻에 순종하기를 진심으로 원할 때, 하나님께서는 우리의 마음을 움직이셔서 예수님의 제자다운 모습으로 사랑할 수 있게 도와주세요.

26 모든 사람들이 너희를 칭찬할 때에 화가 있다. 그들의 조상들도 거짓 예언자들을 그렇게 대하였다.”

27 “내 말을 듣는 너희에게 말한다. 너희 원수를 사랑하고, 너희를 미워하는 사람들에게 잘해 주어라.

28 너희를 저주하는 사람들을 축복하고, 너희를 모욕하는 사람을 위해 기도하여라.

29 누가 네 뺨을 치거든 다른 뺨도 돌려 대라. 누가 네 겉옷을 빼앗거든 속옷도 거절하지 마라.

30 달라는 사람은 누구에게든지 주어라. 네 것을 빼앗는 사람에게 돌려 달라고 하지 마라.

31 너희는 다른 사람이 네게 해 주길 바라는 대로 다른 사람에게 해 주어라.

32 너희가 만일 너희를 사랑하는 사람만 사랑한다면 칭찬받을 것이 무엇이냐? 죄인들도 자기를 사랑해 주는 사람은 사랑한다.

33 너희가 만일 너희에게 잘해 주는 사람에게만 잘해 준다면 칭찬받을 것이 무엇이냐? 죄인들도 그렇게는 한다.

※ 화(6:26) 모든 재앙과 모진 일. ※ 칭찬(6:32) '칭찬'으로 번역된 헬라어 '카리스'는 흔히 은혜, 선물로도 번역된다. 하나님의 은혜를 진정 아는 자는 자연스럽게 다른 이를 사랑하고 도울 수 밖에 없다.

34 너희가 만일 되돌려받을 수 있겠다고 생각하는 사람에게 꾸어 준다면 칭찬받을 것이 무엇이냐? 죄인들도 그대로 돌려받을 생각으로 죄인들에게 꾸어 준다.

35 너희는 원수를 사랑하고 좋게 대하며 되돌려받을 생각을 하지 말고 꾸어 주어라. 그러면 너희의 상이 클 것이고, 가장 높으신 분의 아들이 될 것이다. 이는 하나님께서는 은혜를 모르는 사람과 악한 사람에게도 자비로우시기 때문이다.

36 너희의 아버지가 자비로우신 것처럼 자비로워져라."

37 "비판하지 마라. 그러면 너희도 비판을 받지 않을 것이다. 비난하지 마라. 그러면 너희도 비난을 받지 않을 것이다. 용서하여라. 그러면 너희도 용서받을 것이다.

38 주어라, 그러면 너희에게도 주어질 것이다. 되를 누르고 흔들어 넘치도록 재어서 너희의 품에 안겨 주실 것이다. 너희가 남에게 줄 때에 잰 분량만큼 너희가 도로 받을 것이다."

39 그리고 예수님께서 이런 비유를 그들에게 말씀하셨습니다. "보지 못하는 자가 보지 못하는 자를 안내할 수 있느냐? 둘 다 구덩이에 빠지지 않겠느냐?

40 학생이 선생보다 더 나을 수 없다. 그러나 누구든지 다 배우고 나면 선생과 같아질 것이다.

41 어찌하여 너는 형제의 눈에 있는 작은 티는 보면서, 네 눈 속에 있는 큰 통나무는 보지 못하느냐?

※ **가장 높으신 분의 아들**(6:35) 원수까지도 사랑하는 자가 되면 예수님과 같은 자로 인정을 받는다는 뜻이다. 이는 구원의 조건을 말하는 것이 아니라 하나님의 자녀다움을 인정받는다는 의미이다.

42 네가 자신의 눈 속에 있는 큰 통나무는 보지 못하면서, 어떻게 형제에게 '형제여, 네 눈 속의 티를 빼어 주마'라고 말할 수 있느냐? 위선자여, 우선 네 눈 속에 있는 통나무나 빼내라. 그런 다음에야 네 눈이 잘 보여서 형제의 눈 속에 있는 티를 뺄 수 있을 것이다."

43 "좋은 나무가 나쁜 열매를 맺을 수 없고, 또 나쁜 나무가 좋은 열매를 맺을 수 없다.

44 나무마다 그 열매로 안다. 가시나무에서 무화과를 얻을 수 없고, 가시덤불에서 포도를 딸 수 없다.

45 선한 사람은 그 마음속에 선한 것을 쌓았다가 선한 것을 내고, 악한 사람은 그 마음속에 악한 것을 쌓았다가 악한 것을 낸다. 왜냐하면 사람은 그의 마음속에 쌓여 있는 것을 말하기 때문이다."

46 "너희는 나에게 '주여, 주여' 하면서 왜 내가 말한 것은 행하지 않느냐?

47 누구든지 내게 와서 내 말을 듣고 그대로 하는 사람이 어떠한 사람과 같은지 너희에게 보여 주겠다.

48 그는 땅을 깊이 파고 바위 위에 기초를 놓고 집을 짓는 사람과 같다. 홍수가 나서 물이 세차게 들이치나 그 집을 넘어뜨릴 수 없다. 그것은 집이 잘 지어졌기 때문이다.

49 그러나 내 말을 듣고도 그대로 행하지 않는 사람은 기초 없이 땅 위에 집을 지은 사람과 같다. 물이 들이치자 그 집이 즉시 무너졌고, 피해가 컸다."

※ **나무, 열매**(6:43) 나무는 사람의 마음과 인격을 비유한 것이고, 열매는 겉으로 드러나는 말과 행동을 말한다. ※ **홍수**(6:48) 요동하는 환경이나 인생의 위기를 뜻한다. 예수님의 말씀을 지키는 자는 어려움이 와도 휩쓸리지 않는다.

누가복음 7장

1 예수님께서 이 모든 말씀을 백성들에게 하신 후, 가버나움으로 가셨습니다.

2 어떤 백부장이 소중하게 여기는 종이 있었는데 병들어 죽게 되었습니다.

3 백부장은 예수님에 관한 소문을 듣고 몇몇 유대의 장로들을 예수님께 보내어, 자기의 종을 고쳐 달라고 부탁하였습니다.

4 그들은 예수님께 와서 간청하였습니다.

이 사람은 선생님께서 부탁을 들어줘도 될 만한 사람입니다.

5 "이 사람은 우리 민족을 사랑합니다. 그는 우리에게 회당을 지어 주었습니다."

6 예수님께서 그들과 함께 가셨습니다. 예수님께서 백부장의 집 가까이에 이르렀을 때, 백부장이 친구들을 보내 예수님께 말하였습니다. "주님, 수고하실 필요가 없습니다. 저는 선생님을 집에 모실 만한 자격이 없습니다.

7 그래서 제가 주님께 나올 자격도 없다고 생각했습니다. 말씀만 하십시오. 그러면 제 종이 나을 것입니다.

❊ **백부장(7:2)** 로마 군대에서 '백인대'(Century)를 지휘하는 로마의 장교이며, 백인대는 병사 60~160명까지로 구성되는 부대로 보통 80명 정도의 규모였다.

8 저도 다른 사람 아래에 있고, 제 밑에도 부하들이 있습니다. 제가 이 사람더러 가라 하면 가고, 저 사람더러 오라 하면 옵니다. 또 제 종에게 이것을 하라 하면 그대로 합니다."

9 예수님께서 이 말을 들으시고 놀라시며 따라오던 사람들에게 말씀하셨습니다.

내가 너희에게 말한다. 이스라엘에서도 이처럼 큰 믿음을 본 적이 없다!

10 백부장이 보냈던 사람들이 집으로 돌아가 보니, 그 종이 나아 있었습니다.

11 조금 뒤에 예수님께서 나인이라는 마을로 가셨습니다. 제자들과 많은 사람들도 예수님을 따라 함께 갔습니다.

12 예수님께서 성문 가까이 이르렀을 때, 죽은 사람이 실려 나오고 있었습니다. 그는 과부의 하나밖에 없는 아들이었습니다. 마을 사람들이 그 과부와 함께 있었습니다.

13 주께서 그를 보시고 불쌍하게 여기셨습니다. 예수님께서 아이의 어머니에게 말씀하셨습니다.

울지 마라.

14 그리고 관에 손을 대시니 관을 메고 가던 사람들이 걸음을 멈추었습니다. 예수님께서 말씀하셨습니다.

소년아, 내가 네게 말한다. 일어나라!

15 그러자 죽었던 사람이 일어나 앉아서 말하기 시작하였습니다. 예수님께서 그를 어머니에게 보냈습니다.

※ **과부**(7:12) 과부의 외아들이 죽었다는 것은 모든 소망과 미래가 사라졌다는 것과 같다. ※ **불쌍하게 여기셨습니다**(7:13) 원어적으로 '창자가 요동하다'는 뜻이 있다. 예수님은 과부의 고통과 아픔을 공감하며 긍휼히 여기셨다.

16 사람들 모두가 두려움에 휩싸였습니다. 사람들은 하나님께 영광을 돌렸습니다. "위대한 예언자가 우리 가운데 나타났다! 하나님께서 당신의 백성들을 돌보아 주셨다!"

17 예수님에 대한 이 이야기는 온 유대와 그 근방에 두루 퍼져 나갔습니다.

18 요한의 제자들이 이 모든 소식을 요한에게 알렸습니다. 요한은 제자 가운데 두 사람을 불렀습니다.

19 그리고 주님께 그들을 보내어 "선생님이 오실 그분이십니까? 아니면 우리가 다른 사람을 기다려야 합니까?"라고 물어 보게 하였습니다.

20 그 사람들이 예수님께 와서 말했습니다.

세례자 요한이 우리들에게 선생님을 뵙고 여쭈어 보라고 하였습니다. 선생님이 오실 그분이십니까? 아니면 우리가 다른 사람을 기다려야 합니까?

21 그때, 예수님께서 질병과 고통과 악한 영에 시달리는 많은 사람들을 고쳐 주셨습니다. 또 보지 못하는 사람들도 볼 수 있게 하셨습니다.

22 예수님께서 요한의 제자들에게 말씀하셨습니다.

가서 요한에게 너희들이 보고 들은 것을 알려라. 보지 못하는 사람이 보고, 다리를 저는 사람이 걷고, 문둥병 환자가 깨끗해지며, 듣지 못하는 사람이 듣고, 죽었던 자가 살아나며, 가난한 사람들에게 복음이 전파된다고 하여라.

23

나를 의심하지 않는 사람은 복이 있다.

24 요한의 심부름을 왔던 사람들이 떠나가자, 예수님께서 사람들에게 요한에 대해 말했습니다.

> 너희는 무엇을 보려고 광야에 나갔느냐? 바람에 흔들리는 갈대냐?

25 "아니면 무엇을 보러 나갔느냐? 화려한 옷을 입은 사람이냐? 멋지고 호사스런 옷을 입고 호화롭게 사는 사람은 궁전에 있다.

26 그러면 너희는 무엇을 보려고 나갔느냐? 예언자냐? 그렇다, 내가 너희에게 말한다. 예언자보다 더 위대한 사람이다.

27 이 사람은 성경에 기록된 자이다. '보아라. 내가 네 앞에 사자를 보낸다. 그가 네 길을 너보다 앞서 준비할 것이다.'

28 내가 너희에게 말한다. 여자에게서 태어난 사람 중에 요한보다 더 위대한 사람이 없다. 그러나 하나님 나라에서는 가장 작은 자가 요한보다 더 위대하다."

29 모든 백성들이, 또한 세리들이 이 말씀을 듣고, 하나님은 의로우시다고 고백했습니다. 이들은 요한의 세례를 받았기 때문입니다.

30 하지만 바리새파 사람들과 율법학자들은 자신들을 향한 하나님의 계획을 거부하였습니다. 이들은 요한에게서 세례를 받지 않았기 때문입니다.

※ **바람에 흔들리는 갈대(7:24)** 세상 권력과 종교의 힘 앞에서 흔들리는 사람들을 비유한 것이다. 세례 요한은 흔들림 없이 하나님의 말씀을 담대히 선포했다.

31 이 세대의 사람들을 무엇에 비교할 수 있겠느냐? 그들은 무엇과 같은가?

32 "이들은 시장에 앉아 서로 부르며 '우리가 너희를 위해 피리를 불어도 너희가 춤추지 않았다. 우리가 울어도 너희가 울지 않았다'라고 말하는 아이들과 같다.

33 세례자 요한이 와서 빵도 먹지 않고, 포도주도 마시지 않았다. 그러자 너희들은 '저 사람은 귀신이 들렸다'라고 말한다.

34 인자가 와서 먹고 마셨다. 그러자 너희들은 '봐, 저 사람은 먹보요, 술꾼이며 세리와 죄인의 친구로구나'라고 말한다."

35 그러나 지혜는 그것을 따르는 자들에 의해서 옳다는 것이 증명된다.

36 어떤 바리새파 사람이 예수님께 함께 식사를 하자고 권하였습니다. 그래서 예수님께서 그 바리새파 사람의 집에 가셔서 식사 자리에 앉으셨습니다.

37 그런데 그 마을에 죄인인 한 여자가 있었습니다. 예수님께서 바리새파 사람의 집에서 식사하신다는 소식을 듣고 향유병을 가지고 갔습니다.

38 그는 예수님의 뒤쪽으로 가서 예수님의 발 곁에 서서 울며 눈물로 그의 발을 씻겼습니다. 그리고 자신의 머리카락으로 발을 닦고, 입을 맞추고 향유를 부었습니다.

※ **피리를 불어도**(7:32) 결혼식과 같은 잔치 놀이를 말하며, 구원의 기쁨을 선포한 예수님의 사역을 비유한다. ※ **울어도**(7:32) 장례식 놀이를 말하며, 금욕적이었던 세례 요한의 사역을 비유한다.

39 예수님을 초대한 바리새파 사람이 이것을 보고 속으로 생각했습니다.

> 만일 이 사람이 예언자라면 지금 자신을 만지는 이 여인이 죄인이라는 것을 알았을 것이다.

40 예수님께서 그에게 대답하셨습니다. "시몬아, 네게 할 말이 있다." 시몬이 대답했습니다.

> 선생님, 말씀하십시오.

41 "어떤 채권자에게 두 사람의 채무자가 있었다. 한 사람은 오백 데나리온을 빚졌고 다른 사람은 오십 데나리온을 빚졌다.

42 이 두 사람이 다 빚을 갚을 수 없어서 채권자가 모두 빚을 없던 것으로 해 주었다. 그러면 둘 중에 누가 더 채권자를 고맙게 여기겠느냐?"

43 시몬이 대답했습니다. "더 많은 돈을 면제받은 사람입니다." 예수님께서 시몬에게 말씀하셨습니다. "네가 옳게 판단했다."

44 예수님께서 그 여자를 돌아보시며 시몬에게 말씀하셨습니다.

> 이 여인이 보이느냐? 내가 네 집에 들어왔을 때, 너는 나에게 발 씻을 물도 주지 않았다.

> 그러나 이 여인은 자신의 눈물로 내 발을 적시고 자신의 머리털로 닦아 주었다.

※ 데나리온(7:41) 로마 은 동전의 명칭. 보통 노동자의 하루 품삯이었다. ※ 향유(7:46) 향기로운 냄새가 나는 기름 300그램이며, 그 가치가 300데나리온(노동자의 1년치 품삯)에 해당하는 귀한 것이었다.

45 "너는 내게 입맞추지도 않았지만, 이 여인은 내가 들어왔을 때부터 내 발에 입맞추기를 쉬지 않았다.

46 너는 내 머리에 기름도 붓지 않았지만, 이 여인은 향유를 내 발에 부었다.

47 그러므로 내가 네게 말한다. 이 여자의 많은 죄가 용서되었다. 이는 이 여자가 많이 사랑하였기 때문이다. 적게 용서받은 사람은 적게 사랑한다."

48 예수님께서 여자에게 말씀하셨습니다.

네 죄가 용서되었다.

49 예수님과 식사 자리에 앉아 있던 사람들이 속으로 말했습니다.

이 사람이 누구이기에 죄를 용서해 준다고 하는가?

50 예수님께서 그 여자에게 말씀하셨습니다.

네 믿음이 너를 구원하였다. 평안히 가거라.

누가복음 TIP

당시 유대인들은 집에 귀한 손님을 초대하면 그 손님에게 꼭 해주는 일이 있었어요. 손님에게 환영의 입맞춤을 하고, 먼지 묻은 발을 씻기며, 향로를 피우거나 향유를 손님의 머리에 부어 발라주는 일이에요. 바리새인 시몬은 예수님을 초대해 놓고도 이런 일을 하나도 해드리지 않았어요. 그런데 사람들이 죄인이라고 손가락질하던 한 여인이 눈물로 예수님의 발을 적시고, 자기 머리카락으로 발을 씻겨드렸어요. 그리고 그 발에 향유를 부어드렸지요. 교만한 바리새인 시몬과 다르게, 이 여인은 자신이 죄인임을 알았기에 죄를 용서하시는 예수님께 자신의 모든 사랑과 헌신을 바친 거예요.

누가복음 8장

1 그 후에 예수님께서 여러 성과 마을을 두루 다니시면서 하나님 나라에 관한 좋은 소식을 전하셨습니다. 열두 제자들도 예수님과 함께 다녔습니다.

2 악한 영과 병에서 고침을 받은 몇몇 여자들도 함께 있었습니다. 이들은 일곱 귀신이 들렸던 막달라라고 하는 마리아와

3 헤롯의 신하인 구사의 아내 요안나와 수산나, 그리고 그 밖의 다른 여자들이 많이 있었습니다. 이들은 자신의 재산으로 예수님과 제자들을 섬겼습니다.

4 많은 사람들이 모여들고 여러 마을에서 온 사람들이 예수님께 나아오자, 예수님께서 비유로 말씀하셨습니다.

5 "씨를 뿌리는 사람이 씨를 뿌리러 나갔다. 그가 씨를 뿌렸는데, 어떤 씨들은 길가에 떨어져 발에 밟히기도 했고, 하늘의 새들이 와서 먹어 버리기도 했다.

6 어떤 씨들은 바위 위에 떨어져 자라다가 물이 없어서 시들어 죽었다.

7 어떤 씨들은 가시덤불에 떨어져 가시덤불이 함께 자라서 자라지 못하게 했다.

※ 비유(8:4) 어떤 현상이나 사물을 직접 설명하지 아니하고 다른 비슷한 현상이나 사물에 빗대어서 설명하는 일. ※ 길가(8:5) 밭과 밭 사이의 농부가 걸어 다니는 길을 말한다. 사람이 밟아 단단하게 굳어 있다.

8 어떤 씨들은 좋은 땅에 떨어져 자라나서 백 배의 열매를 맺었다." 이 말씀을 마치시고 예수님께서 외치셨습니다. "들을 귀 있는 자는 들어라!"

9 제자들이 이 비유가 무슨 뜻인지를 예수님께 물었습니다.

10 예수님께서 말씀하셨습니다.

너희에게는 하나님 나라의 비밀을 아는 것이 허락되었다. 그러나 다른 사람들에게는 비유로 말하였다. 이는 '그들이 보아도 보지 못하고 들어도 깨닫지 못하게' 하려는 것이다.

11 "이 비유는 이것이다. 씨는 하나님의 말씀이다.

12 길가에 떨어진 것은 하나님의 말씀을 들었으나 마귀가 와서 그 마음에 있던 말씀을 빼앗아 간 사람들이다. 이들은 믿지 못하여, 구원을 받지 못한다.

13 바위 위에 떨어진 것은 하나님의 말씀을 듣고 기쁨으로 받지만 뿌리가 없는 사람들이다. 이들은 잠시 동안 믿으나 시험받을 때에 넘어진다.

14 가시덤불에 떨어진 것은 말씀을 듣지만 살아가는 동안, 재물에 대한 염려와 인생의 향락에 사로잡혀 열매를 맺는 데까지 자라지 못하는 사람들이다.

※ **바위 위**(8:6) 바위 위에 흙이 얇게 덮인 곳. 물이 금방 말라 씨앗이 시들어 죽는다. ※ **가시덤불**(8:7) 이스라엘 땅에서 자라는 가시가 있는 잡초. ※ **하나님 나라의 비밀**(8:10) 하나님의 계시가 없이는 무엇을 의미하는지 알 수 없다.

15 좋은 땅에 떨어진 것은 정직하고 선한 마음으로 하나님의 말씀을 듣고 그 말씀을 굳게 지켜서 좋은 열매를 맺는 사람들이다."

16 "그 누구도 등불을 켜서 그것을 그릇으로 덮어 두거나 침대 밑에 두지 않는다. 등불은 등잔 위에 놓아 들어 오는 사람들이 그 빛을 보게 한다.

17 감추어진 것 중에 드러나지 않을 것이 없고, 비밀 가운데 밝히 알려지지 않을 것이 없다.

18 그러므로 너희가 듣는 것을 조심하여라. 가진 사람은 더 많이 받을 것이고, 가지지 못한 사람은 가졌다고 생각하는 것마저 빼앗길 것이다."

19 예수님의 어머니와 동생들이 예수님께 왔습니다. 그러나 많은 사람들 때문에 예수님께 가까이 갈 수 없었습니다.

20 어떤 사람이 예수님께 말씀드렸습니다.

선생님의 어머니와 동생들이 밖에 서서 선생님을 만나 뵙기 원하십니다.

21 예수님께서 사람들에게 대답하셨습니다.

내 어머니와 형제들은 하나님의 말씀을 듣고 그대로 행하는 사람들이다.

22 어느 날, 예수님께서 제자들과 함께 배에 오르셨습니다. 예수님께서 말씀하셨습니다. "호수 건너편으로 가자." 그래서 그들이 떠났습니다.

※ **정직하고**(8:15) '정직한'의 헬라어 '칼로스'는 주어진 목적에 맞는 결과를 가져온다는 뜻이다. 즉 하나님의 말씀에 제대로 잘 반응하여 열매가 맺어질 수 있도록 한다는 뜻이다.

23 가는 동안, 예수님은 잠이 드셨고, 사나운 바람이 호수로 불어 닥쳤습니다. 배에 물이 가득 차서 위험에 빠졌습니다.

24 제자들이 예수님을 깨우며 "선생님! 선생님! 우리가 죽습니다"라고 말했습니다. 그러자 예수님께서 일어나셔서 바람과 성난 파도를 꾸짖으셨습니다. 그러자 그 즉시, 바람이 멈추고 호수가 다시 잔잔해졌습니다.

25 예수님께서 제자들에게 말씀하셨습니다. "너희의 믿음이 어디 있느냐?" 제자들은 두렵고 놀라서 "도대체 이분이 누구시길래 바람과 물에게 호령하시고 바람과 물이 이분에게 순종하는가?"라고 서로 말하였습니다.

26 예수님과 제자들은 갈릴리 건너편 거라사 사람들의 마을에 닿았습니다.

27 예수님께서 배에서 내리시니 그 마을에 사는 귀신들린 사람이 예수님께 다가왔습니다. 그는 오랫동안, 아무 옷도 입지 않았으며 집에서 살지도 않고 무덤에서 살고 있었습니다.

28 그는 예수님을 보고 소리를 지르며, 예수님 앞에 엎드렸습니다. 그리고 큰 소리로 말했습니다. "가장 높으신 하나님의 아들이신 예수님, 당신이 저와 무슨 상관이 있습니까? 제발 저를 괴롭히지 마십시오."

29 이는 예수님께서 더러운 영에게 그 사람에게서 떠나라고 명령하셨기 때문입니다. 더러운 귀신이 그 사람을 여러 번 사로잡았기 때문에 사람들은 쇠사슬과 쇠고랑으로 그를 묶어 감시하였습니다. 그러나 그는 쇠사슬을 끊고 귀신이 이끄는 대로 광야로 뛰쳐나가곤 하였습니다.

30 예수님께서 그에게 물으셨습니다. "네 이름이 무엇이냐?" 그러자 그가 대답했습니다. "레기온입니다." 이는 많은 귀신이 그에게 들어갔기 때문입니다.

※ **무덤(8:27)** 영적으로 죽어있는 비참함을 보여줄 뿐 아니라, 귀신이 들려 사람들과의 모든 관계도 끊어졌음을 보여준다. ※ **레기온(8:30)** 로마의 한 개 군단을 뜻하는 헬라어로, 5,500~6,000명의 무장한 보병이다.

31 귀신들은 예수님께 자신들을 지옥으로 쫓아 내지 말아 달라고 간청하였습니다.

32 그때, 언덕에는 많은 돼지 떼가 풀을 먹고 있었습니다. 귀신들은 예수님께 자기들을 그 돼지 떼에게 들어가게 해 달라고 간청하였습니다. 예수님께서 그렇게 허락하셨습니다.

33 그러자 귀신들은 그 사람에게서 나와 돼지 떼 속으로 들어갔습니다. 순간 그 돼지들은 비탈을 내리달아 호수로 들어가 빠져 죽었습니다.

34 돼지를 치던 사람들이, 일어난 일을 보고 도망쳐 이 사실을 성과 마을 사람들에게 전하였습니다.

35 사람들이 일어난 일을 보려고 예수님께 다가갔습니다. 그리고 귀신이 나간 사람이 옷을 입고 제정신으로 예수님 발 앞에 앉아 있는 것을 보았습니다. 그들은 두려운 생각이 들었습니다.

36 이 일을 목격한 사람들이 귀신들린 사람이 어떻게 온전하게 되었는지를 사람들에게 말해 주었습니다.

37 거라사와 그 주변에 사는 모든 사람들이, 예수님께서 자기들로부터 떠나 줄 것을 간청했습니다. 이는 그들이 무서움에 사로잡혔기 때문이었습니다. 그래서 예수님께서 배를 타고 돌아가셨습니다.

※ **돼지**(8:32) 우상의 신전에서는 돼지로 제사를 드리기도 했다. 이 지역은 우상을 믿는 지역이었다. ※ **회당장**(8:41) 회당 관리자로 회당에서의 모임을 주관하고 책임지는 사람. ※ **혈루증**(8:43) 알 수 없는 원인으로 많은 하혈을 하는 병.

38 귀신이 나간 사람이 예수님을 따를 수 있게 해 달라고 예수님께 간청하였습니다. 그러나 예수님께서 그를 돌려보내며 말씀하셨습니다.

39 "집으로 돌아가서 하나님께서 너에게 하신 일에 대해 사람들에게 말해라." 그래서 그는 모든 마을을 다니며 예수님께서 자기에게 얼마나 큰 일을 행하셨는지에 대해 전하였습니다.

40 예수님께서 돌아오시자, 많은 사람들이 예수님을 환영하였습니다. 이들은 예수님을 기다리고 있었습니다.

41 야이로라는 사람이 앞으로 나왔습니다. 그는 회당장이었습니다. 그가 예수님의 발 앞에 엎드려, 자기 집으로 와 주실 것을 간청하였습니다.

42 야이로에게는 열두 살 된 외동딸이 있었는데, 그가 죽어 가고 있었습니다. 예수님께서 야이로의 집으로 가시는데, 많은 사람들이 예수님께 바짝 붙어서 밀어댔습니다.

43 그중에는 십이 년 동안이나 혈루증을 앓고 있던 여자가 있었습니다. 의사에게 많은 돈을 썼지만 그 누구도 그 병을 고칠 수가 없었습니다.

44 그가 예수님 뒤로 와서 옷깃을 만졌습니다. 그러자 즉시 피가 그쳤습니다.

45 예수님께서 말씀하셨습니다. "누가 나를 만졌느냐?" 사람들은 모두 만지지 않았다고 말하였습니다. 베드로가 말했습니다. "선생님, 많은 사람들이 에워싸면서 밀어대고 있습니다."

46 예수님께서 말씀하셨습니다.

누군가 나를 분명히 만졌다. 내게서 능력이 나간 것을 안다.

47 숨길 수 없다는 것을 안 그 여자는 떨며 나아와 예수님 앞에 엎드렸습니다. 그리고 사람들 앞에서 왜 자기가 예수님을 만졌는지, 또 어떻게 즉시 병이 나았는지를 말씀드렸습니다.

48 예수님께서 그에게 말씀하셨습니다.

딸아, 네 믿음이 너를 구원하였다. 평안히 가거라.

49 예수님의 말씀이 끝나기도 전에, 회당장의 집에서 온 어떤 사람이 회당장에게 말했습니다.

따님이 죽었습니다. 그러니 선생님을 더 이상 괴롭히지 마십시오.

50 예수님께서 이 말을 들으시고 대답하셨습니다.

두려워하지 말고 믿기만 하여라. 그러면 살게 될 것이다.

51 그 집에 이르러, 예수님께서는 베드로와 요한과 야고보, 그리고 소녀의 아버지와 어머니 외에는 아무도 함께 들어가지 못하게 하셨습니다.

※ **능력이 나간 것을 안다**(8:46) 예수님은 성령을 통해 그녀가 치유되었음을 아셨다. ※ **아이야 일어나라**(8:54) 아람어로 '달리다굼'이라고 기록된 본문도 있다. 이는 어머니가 아침에 아이를 깨울 때 일상적으로 하는 말이었다.

52 사람들이 소녀를 위해 슬피 울고 있었습니다. 예수님께서 "울음을 그쳐라. 그는 죽은 것이 아니라 자고 있다"라고 말씀하셨습니다.

53 그러자 사람들은 예수님을 비웃었습니다. 그것은 소녀가 죽었다는 것을 알고 있었기 때문입니다.

54 예수님께서 소녀의 손을 잡고 불렀습니다.

아이야, 일어나라!

55 그러자 영혼이 돌아와서 소녀는 즉시 일어났습니다. 예수님께서 그에게 먹을 것을 주라고 명하셨습니다.

56 그 소녀의 부모들은 놀랐습니다. 그런데 예수님께서는 일어난 일을 아무에게도 말하지 말라고 지시하셨습니다.

누가복음 TIP

혈루증을 앓던 여인이 만진 예수님의 옷깃은 유대인들의 겉옷에 달린 옷술을 말해요. 유대인들은 옷의 네 귀퉁이에 하나님의 말씀대로 살아야함을 기억하기 위해 술을 만들어 달았어요. 또 이 술은 권위의 상징이기도 했지요. 여인이 이 술을 만진 것은 예수님의 권위를 믿는 믿음의 행동이었어요. 여인의 병이 나은 것은 옷술을 만진 행동이 마법을 일으킨 것이 아니라, 예수님을 믿는 순수하고 강한 믿음 때문이었어요. 그래서 예수님은 "딸아, 네 믿음이 너를 구원하였다."라고 말씀하시며 칭찬 하셨던 거지요.

1 예수님께서 열두 제자를 부르시고, 이들에게 귀신을 이기고 병을 고치는 능력과 권세를 주셨습니다.

2 그리고 하나님 나라를 전하고 병을 치료하라고 이들을 보내셨습니다.

3 예수님께서 말씀하셨습니다. "여행을 위해 아무것도 챙기지 마라. 지팡이나 가방이나 또는 빵이나 돈이나 챙기지 마라. 옷도 두 벌을 준비하지 마라.

4 어느 집에 들어가든지 떠날 때까지 그 집에 머물러라.

5 만일 너희를 받아들이지 않으면 그 마을에서 나올 때에 네 발에서 먼지를 털어 버려라. 이것이 그들에게 경고하는 증거가 될 것이다."

6 제자들이 떠나, 온 마을을 두루 다니면서 복음을 전파하고 가는 곳마다 사람들을 고쳐 주었습니다.

7 분봉왕 헤롯은 일어나는 모든 일을 듣고 매우 혼란스러웠습니다. 그것은 어떤 사람들은 세례자 요한이 죽었다가 다시 살아났다고 말하고,

※ **발에서 먼지를 털어(9:5)** 유대인들은 부정한 이방 지역을 지난 후 이스라엘로 들어올 때 먼지를 털었다. 영접하지 않는 성의 먼지를 터는 것은 복음을 거부한 곳에 하나님의 심판이 임할 것이란 의미이다.

8 어떤 사람들은 엘리야가 나타났다고도 하고, 또 어떤 사람들은 옛 예언자 중의 하나가 다시 살아났다고도 하였기 때문이었습니다.

9 헤롯이 말했습니다. "내가 요한의 머리를 잘랐는데, 이런 소문이 들리는 그 사람은 누구인가?" 헤롯은 예수님을 한번 만나 보려고 하였습니다.

10 사도들이 돌아와서 자기들이 했던 모든 일들을 예수님께 말씀드렸습니다. 예수님께서 제자들을 데리고 벳새다라고 불리는 마을로 가셨습니다.

11 사람들이 이 사실을 알고 예수님을 따라왔습니다. 예수님께서 이들을 반기시며 하나님 나라에 대해 말씀하셨습니다. 또한 치료받아야 할 사람들을 치료해 주셨습니다.

12 날이 저물기 시작할 때, 열두 제자들이 예수님께 와서 말했습니다.

우리가 있는 곳은 빈 들이니까 사람들을 보내십시오. 그래서 근처 마을과 농가로 가서 잠잘 곳을 찾고, 먹을 것을 얻게 하십시오.

13 예수님께서 제자들에게 말씀하셨습니다. "너희가 사람들에게 먹을 것을 주어라." 제자들이 대답했습니다. "우리에겐 단지 다섯 개의 빵과 생선 두 마리밖에 없습니다. 가서 이 모든 사람들을 위해 음식을 사지 않으면 안 되겠습니다."

14 사람들은 남자들의 수만 약 오천 명 정도 되었습니다. 예수님께서 제자들에게 "사람들을 오십 명씩 무리지어 앉게 하여라" 하고 말씀하셨습니다.

※ 벳새다(9:10) '고기 잡는 집'이라는 뜻으로, 갈릴리 호수 북동쪽의 어촌이다. ※ 남자들의 수만 오천 명(9:14) 유대인들은 남자의 숫자만 세었다. 여자와 어린아이들까지 합하면 만 명이 넘는 큰 무리였을 것이다.

15 제자들이 예수님의 말씀대로 사람들을 앉게 하였습니다.

16 예수님께서 빵 다섯 개와 생선 두 마리를 들고 하늘을 우러러보며 감사 기도를 하셨습니다. 그런 후에 제자들에게 떼어 주며 사람들 앞에 내놓도록 하셨습니다.

17 사람들이 모두 먹고 배가 불렀습니다. 또한 남겨진 조각들을 모으니 열두 바구니에 가득 찼습니다.

18 예수님께서 홀로 기도하고 계실 때였습니다. 예수님께서 함께 있는 제자들에게 물으셨습니다. "사람들이 나를 누구라고 하느냐?"

19 제자들이 대답하였습니다.

세례자 요한이라고 합니다. 어떤 사람들은 엘리야라고도 합니다. 또 어떤 사람들은 옛 예언자 중의 하나가 다시 살아났다고 합니다.

20 예수님께서 제자들에게 말씀하셨습니다. "그러면 너희는 나를 누구라고 하느냐?" 베드로가 "하나님의 아들 그리스도이십니다"라고 대답했습니다.

누가복음 TIP

예수님께서 많은 사람들을 먹이신 빵은 아주 가난한 사람들만이 먹던 보리빵이었어요. 물고기는 커다란 생선이 아니라 빵을 먹을 때 목이 막히지 않게 반찬처럼 먹었던 소금에 절인 작은 생선이었지요. 소박한 이 도시락을 통해 예수님은 수많은 사람을 먹이셨어요. 예수님은 백성들이 배고플 때 음식을 주셨을 뿐 아니라, 죄로 죽은 우리에게 영원한 생명의 빵이 되어주신 분이세요.

21 예수님께서 제자들에게 이 사실을 아무에게도 말하지 말라고 엄히 말씀하셨습니다.

22 "인자가 많은 고통을 받고 장로들과 대제사장들과 율법학자들에게 배척을 받아야 한다. 또한 죽임을 당한 후, 삼 일째 되는 날에 다시 살아날 것이다."

23 예수님께서 모두에게 말씀하셨습니다. "누구든지 나를 따라오려거든 자기를 부인하고 매일 자기 십자가를 지고 나를 따르라.

24 자기의 생명을 건지려고 하는 사람은 잃을 것이다. 그러나 나를 위해 자기 생명을 잃는 사람은 자기 생명을 건질 것이다.

25 만일 이 세상을 모두 얻고도, 자기를 잃거나 빼앗기면 무슨 유익이 있느냐?

26 누구든지 나와 내 말을 부끄러워하면, 인자도 자신의 영광과 아버지의 영광과 거룩한 천사의 영광으로 올 때, 그를 부끄러워할 것이다.

27 내가 진정으로 말한다. 여기 서 있는 사람 중에 몇 사람은 죽기 전에 하나님의 나라를 볼 것이다."

28 이 말씀을 하신 지 팔 일 뒤에 예수님께서 베드로와 야고보와 요한을 데리고 기도하러 산으로 올라가셨습니다.

※ 하나님의 그리스도(9:20) 그리스도는 '기름부음 받은 사라는 뜻으로 구약에 나오는 '메시야'의 헬라어 표현이다. 하나님께서 예수님께 기름을 부었다는 의미로, 그 백성에게 약속하신 메시아라는 뜻이다.

29 예수님께서 기도하시는 동안, 얼굴 모습이 변하고 옷이 하얗게 빛났습니다.

30 그때, 두 사람이 예수님과 함께 이야기를 하고 있었습니다. 이들은 모세와 엘리야였습니다.

31 그들은 영광스러운 모습으로 나타나 예루살렘에서 이루실 예수님의 죽음에 대해 말씀을 나누고 있었습니다.

32 베드로와 같이 있던 다른 제자들이 잠을 이기지 못하고 졸다가 깨어났습니다. 그리고 예수님의 영광을 목격하고, 다른 두 사람이 예수님과 함께 서 있는 것을 보았습니다.

33 모세와 엘리야가 떠나려고 하자, 베드로가 예수님께 말씀드렸습니다. "선생님, 우리가 여기 있는 것이 좋겠습니다. 저희들이 천막 셋을 세우겠습니다. 하나는 선생님을 위하여, 하나는 모세를 위하여, 또 하나는 엘리야를 위하여 말입니다." 베드로는 자기가 무슨 말을 하는지도 알지 못했습니다.

34 베드로가 이 말을 하고 있을 때, 구름이 일어나서 그들을 뒤덮었습니다. 제자들이 구름 속으로 들어가게 되자 두려워하였습니다.

35 구름 속에서 소리가 났습니다.

이는 내 아들, 내가 택한 자이다. 그의 말을 들어라.

※ **모세, 엘리야(9:30)** 모세는 구약 율법의 대표자이며, 엘리야는 구약 예언자들의 대표자다. ※ **구름(9:34)** 구약에서 구름은 하나님의 임재를 상징한다.

36 소리가 들릴 때, 예수님만 홀로 서 계셨습니다. 제자들은 입을 다물고, 자신들이 본 것에 대해 아무에게도 말하지 않았습니다.

37 다음 날, 산에서 내려왔을 때, 많은 사람들이 예수님을 맞이했습니다.

38 그 사람들 중에 한 사람이 예수님께 외쳤습니다.

선생님, 제 아들의 병을 고쳐 주십시오. 하나뿐인 아들입니다.

39 악한 영이 아이를 사로잡으면 갑자기 아이가 소리를 지릅니다. 또 아이에게 경련을 일으켜 입에 거품을 물게 합니다. 그리고 아이에게 상처를 입히며 여간해서 떠나려고 하지 않습니다.

40 제가 선생님의 제자들에게 쫓아 달라고 간청하였지만, 그들은 할 수 없었습니다."

41 예수님께서 대답하셨습니다.

아, 믿음이 없고 비뚤어진 세대여, 내가 얼마나 오랫동안 너희와 함께 있으면서 참아야 하겠느냐? 네 아들을 이리 데리고 오너라.

42 소년이 올 때, 마귀가 그를 넘어뜨려 경련을 일으키게 하였습니다. 예수님께서 더러운 영을 꾸짖으시고 소년을 고쳐 주셨습니다. 그리고 그 아버지에게 돌려보냈습니다.

43 사람들은 모두 하나님의 위대하심에 놀랐습니다. 사람들이 모두 예수님이 하신 일을 보고 놀라고 있을 때, 예수님께서 제자들에게 말씀하셨습니다.

※ **믿음이 없고 비뚤어진 세대여(9:41)** 귀신을 쫓지 못한 것 자체가 아니라 제자들의 마음가짐을 책망하시는 말씀이다. 제자들은 예수님이 산 위에 올라가신 동안 자신들의 능력을 보여주고자 했을 것이다.

44 "너희는 이 말을 귀담아 들어라. 인자가 사람들의 손에 넘겨질 것이다."

45 그러나 제자들은 이러한 예수님의 말씀을 이해하지 못하였습니다. 제자들이 이해하지 못하도록 그 뜻이 감추어져 있었습니다. 또한 제자들은 이 말씀에 대해 예수님께 묻기를 두려워하였습니다.

46 제자들 사이에 누가 가장 큰 자인가를 놓고 말다툼이 일어났습니다.

47 예수님께서 제자들이 마음속으로 무엇을 생각하는지를 아시고 한 어린이를 옆에 세우셨습니다.

48 그리고 말씀하셨습니다.

누구든지 내 이름으로 이런 어린이 하나를 맞아들이는 사람은 나를 맞아들이는 것이다. 또한 누구든지 나를 맞아들이는 사람은 곧 나를 보내신 분을 맞아들이는 것이다. 너희 중에 가장 작은 자가 가장 큰 사람이다.

누가복음 TIP

예수님은 앞으로 당할 고난을 제자들에게 말씀하셨지만 제자들의 관심은 예수님이 세우실 새로운 왕국에서 누가 더 높은 자리를 차지할 것인가에 있었어요. 왜냐하면 당시의 유대인들은 메시아가 와서 새 왕국을 세우면 주변의 나라들을 물리치고, 이스라엘 백성이 온 세상을 다스릴 거라고 생각했기 때문이에요. 하지만 예수님은 어린 아이를 옆에 세우시며 이렇게 약한 사람을 섬기고 사랑할 수 있는 사람이 하나님의 나라에서 가장 크고 높은 사람이라고 설명하셨어요.

49 요한이 대답했습니다. "선생님, 어떤 사람이 선생님의 이름으로 마귀를 내쫓는 것을 보았는데, 그 사람이 우리와 함께 다니지 않으므로 그렇게 못하게 막았습니다."

50 예수님께서 요한에게 "그를 막지 마라. 너희를 반대하지 않는 사람은 너희를 이롭게 하는 사람이다"라고 말씀하셨습니다.

51 예수님께서 하늘로 올라가실 때가 가까워 오자, 예수님께서는 예루살렘에 올라가기로 하셨습니다.

52 예수님께서 사람들을 미리 보냈습니다. 그들은 가서, 예수님을 모실 준비를 하려고 어떤 사마리아 마을로 들어갔습니다.

53 그런데 마을 사람들이 예수님께서 예루살렘을 향하여 가시는 것을 반기지 않았습니다.

54 이것을 보고 예수님의 제자인 야고보와 요한이 말했습니다.

불이 하늘에서 내려와 이 사람들을 모두 태워 버리라고 하면 어떻겠습니까?

55 그러나 예수님께서 그들을 꾸짖으셨습니다.

※ **사마리아(9:52)** 사마리아인은 북이스라엘 백성과 이방 민족의 결혼으로 생긴 민족이다. 그 때문에 유대인들은 사마리아인을 무시했고, 서로 깊은 갈등이 있었다.

56 그리고 다른 마을로 가셨습니다.

57 그들이 길을 가고 있을 때, 어떤 사람이 예수님께 말했습니다.

선생님이 어디를 가시든지 저도 따라가겠습니다.

58 예수님께서 그에게 말씀하셨습니다.

여우도 굴이 있고, 하늘의 새도 둥지가 있다. 그러나 인자는 머리를 둘 곳이 없다.

59 예수님께서 또 다른 사람에게 말씀하셨습니다. "나를 따라오너라!" 그러자 그 사람이 말했습니다. "먼저 제 아버지의 장례를 치르게 해 주십시오."

60 예수님께서 그에게 말씀하셨습니다. "죽은 사람들에게 죽은 자를 묻게 하고, 너는 가서 하나님 나라를 전파하여라."

61 또 다른 사람이 말했습니다.

주님, 저는 따라가겠습니다. 다만 먼저 가족들에게 작별 인사를 하게 해 주십시오.

62 예수님께서 그에게 말씀하셨습니다. "누구든지 쟁기를 잡고 뒤를 돌아보는 사람은 하나님 나라에 알맞지 않다."

※ **아버지의 장례**(9:59) 아버지의 장례를 치르고 나서 어떤 일을 하겠다는 표현은 당시에 관용적으로 어떤 제안을 거부할 때 하던 말이었다. ※ **쟁기**(9:62) 논밭을 가는 농기구.

누가복음 10장

1 이후에 주께서 칠십 명을 임명하시고, 예수님께서 친히 가시려는 모든 마을과 고장으로 미리 둘씩 보내셨습니다.

2 예수님께서 이들에게 말씀하셨습니다. "추수할 것은 많은데 일꾼이 적다. 그러므로 추수하는 주인에게 추수밭으로 일꾼을 보내 달라고 간청하여라.

3 가거라. 내가 어린 양을 늑대들 사이로 보내는 것같이 너희를 보낸다.

4 지갑이나 가방이나 신발을 챙기지 마라. 가는 길에 아무에게도 인사하지 마라.

5 어느 집에 들어가든지 먼저 '이 집에 평화가 있기를 빕니다'라고 말하여라.

6 만일 평화의 사람이 있으면, 네 평화가 그에게 머무를 것이요, 그렇지 않으면 그 평화가 네게로 돌아올 것이다.

7 그 집에 머물러라. 거기서 네게 주는 것을 먹고 마셔라. 일꾼은 자기 품삯을 받을 자격이 있다. 이 집 저 집으로 옮겨 다니지 마라.

※ **추수할 것, 일꾼(10:2)** 추수할 것은 복음을 듣고 구원받아야 할 자들이고, 일꾼은 복음을 전할 사람을 말한다. ※ **평화의 사람(10:6)** 원어는 평화의 아들, 평화를 받기에 합당한 자라는 뜻이다.

8 어떤 마을에 들어가든지 너희를 환영하면, 네 앞에 차려진 것을 먹어라.

9 그곳의 환자들을 고쳐 주고 그들에게 '하나님 나라가 너희에게 가까이 왔다'고 말하여라.

10 그러나 어느 마을에 들어가든지 그들이 너희를 맞이하지 않으면, 그 마을의 거리로 나와서 이렇게 말하여라.

11 '우리 발에 묻은 너희 마을의 먼지를 털고 간다. 하나님 나라가 가까이 왔다는 것을 명심하여라.'

12 내가 너희에게 말한다. 심판의 날에 소돔이 그 마을보다 더 견디기 쉬울 것이다."

13 "고라신아! 네게 화가 미칠 것이다. 벳새다야! 네게 화가 미칠 것이다. 만일 너희에게서 행했던 기적을 두로와 시돈에서 행했더라면, 그들은 베옷을 입고 재를 뒤집어쓰고, 오래전에 회개하였을 것이다.

14 심판 때에 두로와 시돈이 너희보다 더 견디기 쉬울 것이다.

※ **소돔**(10:12) 아브라함 시대 때, 하나님께 가장 강력한 심판을 받았던 성읍이다. ※ **베옷, 재**(10:13) 유대인들은 회개를 할 때 거친 베옷을 입고 재를 덮어 썼다. 애통하고 회개하는 마음을 행동으로 표현한 것이다.

15 너 가버나움아! 네가 하늘까지 높아지겠느냐? 오히려 지옥까지 떨어질 것이다.

16 너희의 말을 듣는 사람은 내 말을 듣는 사람이다. 너희를 배척하는 사람은 나를 배척하는 것이다. 또한 나를 배척하는 것은 나를 보내신 분을 배척하는 것이다."

17 칠십 명의 제자들이 기뻐하며 돌아와 말했습니다.

주님, 심지어 마귀들도 주님의 이름 앞에서 우리에게 굴복하였습니다.

18 예수님께서 그들에게 말씀하셨습니다. "하늘에서 사탄이 번개처럼 떨어지는 것을 보았다.

19 보아라! 내가 너희에게 뱀과 전갈을 밟고 원수의 능력을 막을 권세를 주었다. 아무도 너희를 해치지 못할 것이다.

20 그러나 마귀들이 너희에게 굴복한 것으로 기뻐할 것이 아니라 너희의 이름이 하늘에 기록된 것으로 지뻐하여라."

21 그때, 예수님께서 성령으로 크게 기뻐하시며 말씀하셨습니다.

하늘과 땅의 주인이신 아버지, 이런 일을 지혜롭고, 똑똑한 사람들에게는 숨기시고 어린 아이들에게는 나타내셨으니 감사합니다. 그렇습니다. 아버지, 이것이 아버지의 은혜로우신 뜻입니다.

※ **지혜롭고, 똑똑한 사람들**(10:21) 지식과 분별력을 가졌다고 자랑하는 유대의 종교 지도자들과 교만한 사람들을 가리킨다. ※ **어린 아이들**(10:21) 자신의 부족함을 인정하고, 진심으로 주님을 따르는 사람들을 말한다.

22 내 아버지께서 모든 것을 제게 넘기셨습니다. 아버지 외에는 아들이 누구인지 아무도 모르며, 아들과 또 아들이 알려 주고자 하는 사람 외에는 아버지가 누구인지 아무도 모릅니다."

23 예수님께서 제자들에게 돌아서서 따로 말씀하셨습니다. "너희가 지금 보는 것을 보는 눈은 복이 있다.

24 내가 너희에게 말한다. 많은 예언자들과 왕들이 지금 너희가 보는 것을 보고자 했으나 보지 못했다. 또한 지금 너희가 듣는 것을 듣고자 했으나 듣지 못했다."

25 어떤 율법학자가 일어나 예수님을 시험하려고 말했습니다.

선생님, 제가 무엇을 하여야 영생을 얻을 수 있습니까?

26 예수님께서 그에게 물으셨습니다.

율법에 무엇이라고 기록되어 있느냐? 너는 어떻게 읽었느냐?

27 율법학자가 대답하였습니다. "'네 모든 마음과 모든 목숨과 모든 힘과 모든 뜻을 다해 주 네 하나님을 사랑하라'고 하였고, 또한 '네 이웃을 네 몸같이 사랑하라'고 하였습니다."

28 예수님께서 그에게 말씀하셨습니다. "네 대답이 옳다. 이것을 행하여라. 그러면 살 것이다."

※ **율법 학자**(10:25) 모세의 율법을 잘 알아, 율법을 해석하고 가르쳤다. '서기관'이라고도 한다. ※ **예루살렘에서 여리고로**
(10:30) 두 도시를 잇는 길은 가파르고 암석이 많아 도적떼가 많이 나타났다.

29 이 사람이 자기를 옳게 보이고 싶어서, 예수님께 말했습니다. "그러면 누가 제 이웃입니까?"

30 예수님께서 대답하셨습니다. "어떤 사람이 예루살렘에서 여리고로 내려가고 있었다. 그런데 도중에 강도를 만났다. 강도들은 이 사람의 옷을 벗기고 때려서 거의 죽은 채로 버려두고 갔다.

31 마침 한 제사장이 그 길을 내려가다가 그 사람을 보고는 길 반대편으로 피해서 지나갔다.

32 어떤 레위인도 그곳에 와서 그 사람을 보고는 길 반대편으로 피해서 지나갔다.

누가복음 TIP

십계명을 한 문장으로 요약하면 '하나님을 사랑하고, 네 이웃을 네 몸같이 사랑하라'라고 할 수 있어요. 27절에서 율법학자가 대답한 내용은 유대인들이 '쉐마'라고 부르는 것이에요. 신명기 6장 5절에 나와있지요. 마음은 우리의 느낌과 감정, 목숨은 영혼, 힘은 우리의 몸, 뜻은 생각과 지혜를 말해요. 결국 이 말씀은 우리의 모든 것을 다해 하나님을 사랑하고 하나님의 말씀대로 살아가라는 뜻이에요. 또 '네 이웃을 네 몸같이 사랑하라'는 말씀은 누구나 자기 자신을 소중히 여기고 행복하게 살려고 하듯이 다른 사람도 소중히 여기며 친절하게 사랑하라는 뜻이라고 할 수 있어요.

33 이번에는 어떤 사마리아 사람이 그 길을 여행하다가 그가 있는 곳에 이르렀다. 사마리아 사람이 그를 보고 불쌍하게 여겼다.

34 그래서 그 사람에게로 가서 그의 상처에 올리브 기름과 포도주를 붓고 붕대로 감쌌다. 그리고 그를 자기의 짐승에 태우고 여관으로 데리고 가서 그를 정성껏 보살펴 주었다.

35 다음 날, 그는 은화 두 개를 여관 주인에게 주면서 말했다. '이 사람을 잘 보살펴 주세요. 만일 돈이 더 들면 내가 돌아올 때 갚겠습니다.'

36 너는 이 세 사람들 중에 누가 강도 만난 자의 이웃이라고 생각하느냐?"

37 율법학자가 대답했습니다. "그에게 자비를 베풀어 준 사람입니다." 그러자 예수님께서 그에게 말씀하셨습니다.

가서 똑같이 하여라!

38 예수님과 제자들이 여행을 하다가 어떤 마을로 들어갔습니다. 마르다라는 여인이 예수님을 자기 집에 모셔들였습니다.

※ **마르다, 마리아(10:39)** 마르다는 '여주인'이라는 뜻으로 예수님을 대접하느라 바빴고, 마리아는 예수님의 발 앞에 앉아 그분의 가르침을 듣는 것을 우선으로 여겼다.

39 마르다에게는 마리아라는 여동생이 있었습니다. 마리아는 예수님의 발치에 앉아서 말씀을 듣고 있었습니다.

40 마르다는 여러 가지 접대하는 일로 분주하였습니다. 그러다가 예수님께 다가가서 말했습니다.

주님, 저 혼자 이 모든 접대를 하는데 제 동생이 저를 거들지 않는 것을 아무렇지도 않게 생각하십니까? 저를 도우라고 말씀해 주십시오.

41 그러나 주께서 마르다에게 말씀하셨습니다.

마르다야, 마르다야! 너는 너무 많은 일 때문에 걱정하며 안절부절 못하는구나.

42 "그러나 필요한 일은 오직 한 가지뿐이다. 마리아는 그 좋은 쪽을 선택했으니 빼앗기지 않을 것이다."

※ **발치에 앉아서(10:39)** 이것은 당시 랍비의 가르침을 받던 학생의 태도로, 여성인 마리아가 제자들 틈에서 예수님의 발치에 앉아 가르침을 듣는 것은 이례적인 일이었다.

누가복음 11장

1 예수님께서 어떤 곳에서 기도하고 계셨을 때입니다. 예수님께서 기도를 마치시자, 제자들 가운데 하나가 와서 말했습니다. "주님, 요한이 자기 제자들에게 기도하는 것을 가르쳐 준 것처럼 우리에게도 가르쳐 주십시오."

2 예수님께서 제자들에게 말씀하셨습니다. "너희는 기도할 때 이렇게 하여라."

아버지여, 아버지의 이름이 거룩하게 여김을 받으소서. 아버지의 나라가 오게 하소서.

3
날마다 우리에게 필요한 양식을 주시고

4 "우리가 우리에게 빚진 모든 사람을 용서하오니, 우리의 죄도 용서하여 주소서. 그리고 우리를 시험에 빠지지 않게 하소서."

5 예수님께서 제자들에게 말씀하셨습니다. "너희 중 한 사람에게 친구가 있어, 한밤중에 찾아와서 말했다."

친구, 내게 빵 세 개만 빌려 주게!

6
내 친구가 여행하여 내게로 왔는데 그에게 차려 줄 것이 하나도 없다네.

7 "그런 경우에, '나를 괴롭히지 말게! 문이 이미 잠겼고, 내 아이들이 나와 함께 침대에 누웠다네. 일어나서 자네에게 줄 수 없네' 하고 대답하겠느냐?

8 내가 너희에게 말한다. 친구라는 것만으로는 일어나 주지 않을지라도 끈질기게 조르기 때문에 일어나 필요한 만큼 줄 것이다."

※ **아버지여(11:2)** 유대인들은 감히 하나님을 '아버지'로 부르지 못했다. 예수님은 예수님을 통해 하나님과 사람이 아버지와 자녀로 특별한 관계를 맺게 되었음을 보여주신다.

9 "그러므로 내가 너희에게 말한다. 구하라. 그러면 너희에게 주어질 것이다. 찾아라. 그러면 찾을 것이다. 두드려라. 그러면 문이 너희에게 열릴 것이다.

10 구하는 사람마다 받을 것이다. 찾는 사람은 찾을 것이다. 두드리는 사람에게는 문이 열릴 것이다.

11 너희 가운데 어떤 아버지가 아들이 생선을 달라는데 생선을 주지 않고 뱀을 주겠느냐?

12 또 계란을 달라는데 전갈을 주겠느냐?

13 너희가 악하더라도 좋은 것을 자녀에게 주려고 한다. 하물며 하늘에 계신 아버지께서 간구하는 자에게 성령을 주시지 않겠느냐?"

14 예수님께서 말 못하게 하는 마귀를 쫓아내셨습니다. 마귀가 나가자, 말 못하던 사람이 곧 말을 하였습니다. 많은 사람들이 매우 놀랐습니다.

15 그중에 어떤 사람들이 말했습니다. "이 사람이 마귀의 왕인 바알세불에게 빌어서 마귀를 쫓아낸다."

16 또 어떤 사람들은 예수님을 시험하려고 하늘로부터 오는 증거를 보여 달라고 하였습니다.

※ **바알세불(11:15)** 신약에서 '귀신의 왕(사탄)'으로 불리던 팔레스타인의 토착신 '바알세붑'을 가리킨다. 이 이름의 뜻은 바알세붑과 달리 '왕이신 바알' 또는 '하늘의 주'다.

17 예수님께서 그들의 생각을 아시고 그들에게 말했습니다. "어느 나라든지 서로 자기들끼리 편이 갈라지면 망한다. 그리고 자기들끼리 싸우는 가정도 무너진다.

18 내가 바알세불에게 빌어서 마귀를 쫓아낸다고 하는데, 만일 사탄도 서로 자기들끼리 갈라지면 사탄의 나라가 어떻게 서 있겠느냐?

19 만일 내가 바알세불에게 빌어서 마귀를 쫓아내면, 너희 자녀들은 무엇을 가지고 마귀를 쫓아내느냐? 그러므로 그들이 너희의 말이 틀렸다는 것을 증명하고 있다.

20 만일 내가 하나님의 손가락의 능력으로 마귀를 쫓아낸다면, 하나님 나라가 너희에게 와 있는 것이다.

21 힘센 사람이 온갖 무장을 하고 자기의 집을 지킬 때, 그 재산은 안전할 것이다.

22 그러나 이 사람보다 더 힘센 사람이 와서 그를 공격하여 이기면, 무기를 빼앗고 그의 재물도 빼앗아 나눌 것이다."

23

나와 함께하지 않는 사람은 나를 반대하는 사람이다. 나와 함께 모으지 않는 사람은 흩어 버리는 사람이다.

※ **사탄의 나라**(11:18) 마귀 역시 하나님께 대적하여 자신의 나라를 세우고자 한다. 마귀가 자신의 부하들과 싸운다면 나라가 금방 무너질 것이기에 종교 지도자들의 주장은 논리에 맞지 않다.

24 "더러운 영이 어떤 사람에게서 나와서 쉴 곳을 찾아 물이 없는 곳을 헤매고 다니다가 찾지 못하면 '내가 나왔던 집으로 다시 돌아가야겠다'라고 말한다.

25 돌아와서 보니, 전에 있던 곳이 깨끗하게 청소되고 잘 정리되어 있다.

26 이에 그 더러운 영이 나가서 자기보다 더 악한 영 일곱을 데리고 와서 거기에 들어와 산다. 결국 그 사람의 나중 상태가 처음보다 더 나쁘게 된다."

27 예수님께서 이 말씀을 하고 계실 때, 한 여인이 무리들 속에서 목소리를 높여 외쳤습니다. "당신을 낳아서 기른 당신의 어머니는 참 복이 있습니다."

28 예수님께서는 "오히려 하나님의 말씀을 듣고 지키는 사람이 복이 있는 사람이다"라고 말씀하셨습니다.

29 사람들이 더 모여들 때, 예수님께서 말씀하셨습니다.

이 세대는 악한 세대이다. 이 세대가 증거를 달라고 하지만, 요나의 증거 외에는 아무 증거도 받지 못할 것이다.

30 "니느웨 사람들에게 요나가 증거가 된 것처럼 인자도 이 세대에게 증거가 될 것이다.

※ **요나의 증거**(11:29) 요나의 증거는 예수님의 십자가와 부활을 의미한다. ※ **니느웨**(11:30) 고대 메소포타미아 성읍 가운데 하나이며, 앗수르 제국의 수도.

31 심판의 때에 남쪽 나라 여왕이 이 시대의 사람들과 일어나서 그들을 죄인으로 심판할 것이다. 이는 그가 솔로몬의 지혜를 들으려고 땅끝에서 찾아왔기 때문이다. 그러나 솔로몬보다 더 큰 사람이 여기 있다.

32 심판의 때에 니느웨 사람들이 이 시대의 사람들과 일어나 그들을 심판할 것이다. 이는 그들이 요나의 선포를 듣고 회개하였기 때문이다. 그러나 요나보다 더 큰 사람이 여기 있다.”

33 “누구든지 등불을 켜서 지하실에 두거나 됫박 아래 두지 않고, 등잔대 위에 올려 놓아 들어오는 사람들이 빛을 볼 수 있게 한다.

34 네 눈은 몸의 등불이다. 만약 네 눈이 성하면, 네 온몸이 빛으로 가득 찰 것이다. 그러나 네 눈이 성하지 않으면, 네 온몸이 어두움으로 가득 찰 것이다.

35 그러므로 네 안에 있는 **빛이 어둡지 않게 조심하**여라.

누가복음 TIP

예수님이 말씀하신 요나의 증거는 요나 선지자와 니느웨의 백성들을 두고 하신 말씀이에요. 하나님께서 요나에게 니느웨로 가서 말씀을 전하라고 명령하셨지만 요나는 처음에는 바로 순종하지 않았어요. 그러다가 물고기 뱃속에서 갇혀 사흘을 보낸 후, 다시 돌아와 니느웨로 가요. 니느웨 사람들은 요나의 말을 듣고 하나님께 회개하며 돌아왔어요.
예수님은 하나님께 순종함으로 십자가에 못박혀 죽으시고 사흘 만에 부활하시기 위해 이 땅에 오셨어요. 이 말씀은 요나보다 크신 예수님이 회개하라고 선포하시는데도 듣지 않는 유대인들을 지적하시는 말씀이지요.

36 만일 네 온몸이 빛으로 가득 차고 어두움이 없다면, 등불이 그 빛으로 너를 비출 때처럼 온전히 밝게 빛날 것이다."

37 예수님께서 말씀하실 때, 바리새파 사람이 자기와 함께 식사하자고 청하자, 예수님께서 식사 자리에 가서 앉으셨습니다.

38 예수님께서 식사하시기 전에 손을 씻지 않는 모습을 보고 바리새파 사람이 이상하게 생각했습니다.

39 그러자 주님께서 그에게 말씀하셨습니다.

너희 바리새파 사람들은 잔과 접시의 겉은 깨끗하게 씻는다. 그러나 그 속에는 욕심과 악한 것이 가득 차 있다.

40 "어리석은 사람들아, 겉을 만드신 분이 속도 만들지 않으셨느냐?

41 속에 있는 것으로 자비를 베풀어라. 그러면 모든 것이 너희에게 깨끗해질 것이다.

42 너희 바리새파 사람들에게 화가 있을 것이다. 너희는 박하와 운향과 온갖 채소의 십일조를 드린다. 그러나 하나님의 정의와 사랑은 무시한다. 어느 한 가지만 하지 말고 이 모두를 함께해야 한다.

43 너희 바리새파 사람들에게 화가 있을 것이다. 너희는 회당의 앞자리를 좋아하고, 시장터에서 인사 받기를 좋아한다.

※ **남쪽 나라 여왕**(11:31) 솔로몬을 찾아 먼길을 왔던 스바 여왕을 의미한다. ※ **박하와 운향**(11:42) 음식을 향기롭게 만드는 작은 풀들. 바리새인들은 율법을 확대해석하여 이 풀까지도 십일조를 드렸다.

44 너희에게 화가 있을 것이다. 너희는 숨겨진 무덤과 같다. 사람들은 무엇인지도 모르고 그 위를 걸어 다닌다."

45 율법학자 중 한 사람이 예수님께 말했습니다.

선생님, 이런 말씀을 하시는 것은 우리를 모독하는 것입니다.

46 예수님께서 말씀하셨습니다. "너희 율법학자들에게 화가 있을 것이다. 너희는 견디기 힘든 짐을 사람들에게 지우고 있다. 그러면서 너희 자신들은 손가락 하나도 그 짐에 대려고 하지 않는다.

47 너희에게 화가 있을 것이다. 너희는 너희 조상들이 죽인 예언자들의 무덤을 만들고 있다.

48 결국 너희는 조상들이 행한 것에 대한 증인이 되고 거기에 동조한다. 그것은 너희 조상들은 죽였고 너희는 무덤을 만들기 때문이다.

49 그러므로 지혜로우신 하나님께서 말씀하셨다. '내가 예언자들과 사도들을 그들에게 보낼 것이다. 사람들이 그들의 일부는 죽이고, 일부는 박해할 것이다.'"

※ **아벨의 피, 사가랴의 피**(11:51) '창세기에서 요한계시록까지'라는 표현과 비슷하다. 아벨은 첫 번째 의인의 죽음이고, 사가라는 마지막 의인의 죽음을 의미한다. 구약의 순교 역사 전체를 말하는 것이다.

50

세상이 만들어진 이후로 예언자들의 흘린 피에 대하여 이 세대에게 책임을 물을 것이다.

51 "그렇다. 너희에게 말한다. 아벨의 피로부터 제단과 성소 사이에서 죽임을 당한 사가랴의 피에 이르기까지 이 세대에게 책임을 물을 것이다.

52 너희 율법학자들에게 화가 있을 것이다. 너희는 지식의 열쇠를 가로챘다. 그러면서 너희 자신들도 들어가려고 하지 않고, 들어가려고 하는 다른 사람들도 막았다."

53 예수님께서 거기서 떠나실 때, 율법학자들과 바리새파 사람들이 예수님에 대해 앙심을 품고 여러 가지 질문으로 몰아댔습니다.

54 그들은 예수님께서 말씀하시는 것에 트집을 잡으려고 애썼습니다.

누가복음 TIP

이스라엘 백성이 시내 산에서 하나님과 언약을 맺은 이후, 율법을 얼마나 잘 지키는가 하는 것이 그들이 하나님을 섬기는 기준이 되었어요. 따라서 자연히 율법을 해석하고 가르치는 율법학자(서기관)가 사람들의 지도자로 등장하게 되었지요.

율법학자와 함께 바리새인도 등장했어요. 처음에 그들은 '구별된 사람들'이란 이름의 뜻처럼 율법을 순수하게 지키며 거룩해지도록 노력했지요. 하지만 점차 자신들이 특별한 사람들이라 생각하고, 율법의 정신은 잃어버린 채 형식적인 규칙만 따지게 되었어요.

1 수만 명의 사람들이 몰려들어서 서로 밟힐 지경이 되었습니다. 예수님께서 먼저 제자들에게 말씀하셨습니다. "바리새파 사람들의 누룩을 조심하여라. 그들은 위선자이다.

2 덮어 둔 것은 드러나고, 숨겨진 것은 알려질 것이다.

3 그러므로 어두운 데서 한 말이 밝은 데서 들릴 것이며, 안방에서 속삭인 말이 지붕 위에서 선포될 것이다."

4 "내가 너희에게 말한다. 나의 친구들아, 몸은 죽여도 그 이상 아무것도 할 수 없는 사람들을 두려워하지 마라.

5 너희가 누구를 두려워해야 할지 알려 주겠다. 죽인 후에 지옥으로 던질 권세를 가진 분을 두려워하여라. 그렇다. 내가 너희에게 말한다. 그분을 두려워하여라.

6 참새 다섯 마리가 두 앗사리온에 팔리지 않느냐? 그러나 그 가운데 하나도 하나님께서 잊으신 것은 없다.

7 하나님께서는 네 머리카락까지도 다 세고 계신다. 두려워하지 마라. 너희는 많은 참새들보다 훨씬 더 귀하다."

8 "내가 너희에게 말한다. 사람들 앞에서 나를 고백하는 사람은 누구든지 인자도 하나님의 천사들 앞에서 그를 인정할 것이다.

※ 누룩(12:1) 반죽을 발효시키기 위해 첨가하는 물질로, 성경에서는 은밀하게 퍼져 전체에 큰 영향을 미치는 효과를 말한다. ※ 앗사리온(12:6) 동전의 명칭.

9 사람들 앞에서 나를 부인하는 사람은 하나님의 천사들 앞에서 부인당할 것이다.

10 인자에 대하여 나쁘게 말하는 사람은 용서받을 수도 있다. 그러나 성령을 모욕하는 사람은 용서받지 못할 것이다.

11 사람들이 너희를 회당이나 통치자, 권력자 앞에 끌고 갈 때, 무엇을 어떻게 대답하고 또 무엇을 말해야 할지를 염려하지 마라.

12 그때에 성령께서 너희에게 무엇을 말해야 할지를 가르쳐 주실 것이다."

13 무리 중에 있던 한 사람이 예수님께 말했습니다.

선생님, 제 형에게 유산을 저에게 나누어 주라고 말씀해 주십시오.

14 예수님께서 그에게 말씀하셨습니다.

누가 나를 너희의 판사나 중개자로 세웠느냐?

15 이어서 예수님께서 사람들에게 말씀하셨습니다.

온갖 욕심을 경계하고 주의하여라. 재산이 아무리 많더라도 사람의 생명이 거기에 달려 있지 않다.

16 예수님께서 사람들에게 비유를 말씀해 주셨습니다. "어떤 부자의 밭에서 수확이 많이 나왔다.

※ **중개자(12:14)** 분쟁이나 다툼에 끼어들어 서로를 화해시키는 사람. ※ **온갖 욕심(12:15)** 욕심은 죄악을 만들어내는 대표적인 원인이다.

17 그 부자는 속으로 생각했다.

> 내 곡식을 저장해
> 둘 곳이 없으니
> 어떻게 할까?

18 그는 말했다. '이렇게 해야겠다. 내 곳간을 헐고 더 큰 곳간을 세워 거기에 내 모든 곡식과 물건을 저장하겠다.'

19 그리고 자기 자신에게 말할 것이다. '인생아, 여러 해 동안 쓰기에 넉넉한 많은 재산을 가졌으니 편히 쉬고 먹고 마시며 인생을 즐겨라.'

20 그러나 하나님께서 그 사람에게 말했다. '어리석은 사람아! 오늘 밤 네 영혼을 가져갈 것이다. 그러면 네가 준비한 것을 누가 가져가겠느냐?'

21 이런 사람은 자신을 위해 재물을 쌓고 하나님께 대하여 부요하지 못한 사람이다."

22 예수님께서 제자들에게 말씀하셨습니다.

> 그러므로 내가 너희에게 말한다. 목숨을 위하여 무엇을 먹을까, 몸을 위하여 무엇을 입을까 염려하지 마라.

23 "목숨이 음식보다 중요하고, 몸이 옷보다 중요하다.

24 까마귀를 생각하여 보아라. 까마귀는 씨를 뿌리지도 않고, 거두어들이지도 않는다. 그들에게는 곳간이나 창고도 없다. 그러나 하나님께서 먹이신다. 그런데 너희는 새들보다 훨씬 더 귀하지 않느냐?

※ **오늘 밤**(12:20) 부자는 '여러 해'를 준비하고자 했으나 하나님은 '오늘 밤'에 그의 생명을 거두어 가실 것을 계획하셨다.
※ **목숨, 몸**(12:23) 목숨과 몸을 먹고 입는 것만으로 보호할 수 있다고 생각하는 것이 물질주의다.

25 또 너희 중에 누가 염려하여 그 생명을 조금이라도 늘릴 수 있느냐?"

26

너희가 아주 작은 것도 못하면서 왜 다른 것들을 염려하느냐?

27 "백합꽃이 어떻게 자라는가 생각하여 보아라. 백합은 수고도 하지 않고, 길쌈도 하지 않는다. 그러나 내가 너희에게 말한다. 솔로몬이 온갖 영화를 누렸어도 이 꽃만큼 아름다운 옷을 입어 보지 못하였다.

28 하나님께서 오늘 들판에 있다가 내일 아궁이에 던져질 풀도 이렇게 입혀 주시는데 하물며 너희야 더 잘 입혀 주시지 않겠느냐? 믿음이 적은 사람들아!

29 그러므로 먹을 것과 마실 것을 구하지 말고 염려하지 마라.

30 이런 것들은 모두 세상 사람들이 구하는 것이다. 너희 아버지께서 너희에게 이런 것들이 필요하다는 것을 알고 계신다."

31

너희는 하나님 나라를 구하여라. 그러면 이 모든 것을 너희에게 더하여 주실 것이다.

32 "두려워하지 마라. 어린 양들아, 너희 아버지께서는 하나님 나라를 너희에게 주시기를 기뻐하신다.

※ **생명**(12:25) 원어로는 '키'라고도 번역되는 단어다. 생명도 키도 사람의 걱정으로는 조금도 더하는 것이 불가능하다.
※ **길쌈**(12:27) 실을 내어 옷감을 짜는 모든 일을 통틀어 말하는 표현.

33 너희 소유를 팔아 자선을 베풀어라. 그리고 너희를 위하여 낡지 않는 지갑을 만들고, 하늘에 없어지지 않을 재물을 쌓아라. 거기는 도둑이 접근할 수 없고, 좀도 먹는 일이 없다.

34 너희의 재물이 있는 곳에 너희의 마음도 있다."

35 "허리에 띠를 매고 등불을 밝혀라!

36 주인이 결혼 잔치에서 돌아와서 문을 두드릴 때, 곧 열어 주려고 기다리는 사람과 같이 되어라.

37 주인이 와서 볼 때, 깨어 있는 종은 복이 있다. 내가 진정으로 너희에게 말한다. 주인이 스스로 허리를 동이고, 종들을 식사 자리에 앉힌 다음 곁에 와서 종들을 섬길 것이다.

누가복음 TIP

중동 지방의 사람들은 더운 낮에는 몸을 시원하게 해주고, 추운 밤에는 담요 역할을 해주는 긴 옷을 입었어요. 그러다 여행을 갈 때나 전쟁을 할 때, 일을 할 때는 몸을 자유롭게 움직이기 위해 허리에 띠를 둘러 입었어요. 또 대부분 유대인의 결혼식은 저녁에 했기 때문에 손님들이 돌아가는 시간은 한밤중이 지나서였어요. 종들은 그때까지 등불을 밝히고 주인이 돌아오기를 기다려야 했지요. 허리에 띠를 매고 등불을 밝히라는 말씀은 항상 정신을 차리고 준비된 자세로, 주인이신 하나님을 섬기라는 뜻이에요.

38 주인이 밤중이나 새벽에 오더라도, 깨어 있는 종들이 있다면, 그 종들에게 복이 있을 것이다.

39 이것을 기억하여라. 만일 집주인이 도둑이 드는 시간을 안다면, 집에 도둑이 들지 못하도록 할 것이다.

40 너희도 준비하여라. 인자는 너희가 생각지도 않은 때에 올 것이다."

41 베드로가 말했습니다.

주님, 이 비유는 우리를 위해 말씀하신 것입니까? 모든 사람에게 하신 것입니까?

42 주님께서 말씀하셨습니다. "누가 신실하고 지혜로운 종이겠느냐? 주인이 그 종에게 다른 종들을 맡기면, 제 때에 양식을 나누어 줄 일꾼이 누구겠느냐?

43 주인이 돌아와서 볼 때에, 맡겨진 일을 하고 있는 종은 복이 있다.

44 내가 진정으로 너희에게 말한다. 주인이 자신의 모든 재산을 그에게 맡길 것이다.

※ **신실하고 지혜로운 종**(12:42) 이 종은 종을 관리하는 '청지기'를 말한다. 주인의 식탁 가까이에서 시중드는 일, 가정의 다른 종들에 대한 관리, 주인의 재산을 관리하는 일 등을 한다.

45 그러나 만일 종이 속으로 주인이 돌아오려면 멀었다고 생각하고 남녀 종들을 때리고, 먹고 마시며 술에 취해 있다면,

46 미처 생각지도 않고 알지도 못한 때에, 그 주인이 돌아와 그를 몹시 때리고 믿음이 없는 자들이 있는 곳으로 보낼 것이다.

47 주인의 뜻을 알고도 그 뜻에 따라 준비하지도, 행하지도 않는 종은 많이 맞을 것이다.

48 그러나 알지 못하고 매맞을 짓을 한 사람은 적게 맞을 것이다. 많이 받은 사람에게는 많은 책임이 요구되고, 많은 것이 맡겨진 사람에게는 많은 것이 요청된다."

49 "나는 세상에 불을 놓으려고 왔다. 불이 이미 붙었으면 더 바랄 것이 없다."

50

그러나 나는 받아야 할 세례가 있다. 이것이 이루어질 때까지, 내가 얼마나 괴로움을 당하겠느냐!

51 "내가 세상에 평화를 주러 왔다고 생각하느냐? 내가 너희에게 말한다. 그렇지 않다! 오히려 분열을 일으키러 왔다.

※ 불(12:49) 누가복음에 등장하는 불은 예수님께서 선포하신 하나님 나라의 복음, 성령과 심판의 이미지로 사용되고 있다. ※ 세례(12:50) 여기서 말하는 세례는 예수님의 십자가 죽음이다.

52 지금부터 한 가정에서 다섯 식구가 서로 나누어질 것이다. 셋이 둘을, 둘이 셋을 대적할 것이다.

53 아버지와 아들이 나누어질 것이며 아들이 아버지를, 어머니는 딸을, 딸은 어머니를, 시어머니가 며느리를, 며느리가 시어머니를 대적할 것이다."

54 예수님께서 사람들에게 말씀하셨습니다. "너희가 서쪽에서부터 구름이 이는 것을 볼 때, 비가 곧 오겠다고 말하면 그대로 된다.

55 너희가 남풍이 부는 것을 보고 날이 덥겠다고 말하면, 그대로 된다.

56 위선자들아! 너희가 땅과 하늘의 날씨는 분별할 줄 알면서 왜 이 시대는 분별할 줄 모르느냐?"

57 어찌하여 너희는 무엇이 옳은지를 스스로 판단하지 못하느냐?

58 "너를 고소하는 사람과 함께 법정으로 갈 때에 너는 도중에 그 사람과의 문제를 해결하여라. 그렇지 않으면 그 사람이 너를 재판관에게 데려가고, 또 재판관이 너를 집행관에게 넘겨주어 너를 감옥에 가둘 것이다.

59 내가 네게 말한다. 마지막 한 푼까지 갚기 전에는, 네가 거기서 나오지 못할 것이다."

※ **위선자(12:56)** 겉으로만 착한 척하는 사람. 다른 사람들 앞에서 겉치레하기를 좋아하는 사람들을 예수님께서 꾸짖으시는 표현이다.

1 어떤 사람들이 예수님께 와서, 빌라도가 갈릴리 사람들을 죽여 그 피가 저희의 드릴 희생 제물과 뒤범벅이 되었다는 소식을 전해 주었습니다.

2 예수님께서는 그들에게 대답하셨습니다. "너희는 이 갈릴리 사람들이 이런 고난을 당했다고 해서 다른 갈릴리 사람들보다 더 큰 죄인이라고 생각하느냐?

3 그렇지 않다. 내가 너희에게 말한다. 너희도 회개하지 않으면 이와 같이 망할 것이다.

4 또 실로암 탑이 무너져 죽은 열여덟 명의 사람들이 예루살렘에 사는 다른 모든 사람보다 더 악한 죄인이라고 생각하느냐?

5 그렇지 않다! 내가 너희에게 말한다. 너희도 회개하지 않으면 이와 같이 망할 것이다."

6 예수님께서 이런 비유를 말씀하셨습니다. "어떤 사람이 무화과나무 한 그루를 자신의 포도밭에 심었다. 그는 이 나무에서 열매를 얻으려고 왔으나 아무것도 찾지 못했다.

7 그 사람이 포도원을 돌보는 종에게 말했다. '내가 삼 년 동안, 이 무화과나무에서 열매를 찾았는데, 아무것도 찾을 수 없었다. 이 나무를 찍어 버려라. 무엇 때문에 땅만 차지하게 하느냐?'

※ **실로암 탑**(13:4) 실로암 못 근처에 있는 예루살렘 성벽에 세워진 고대 요새의 일부였을 것이다. ※ **더 악한 죄인**(13:4) 유대인들은 이 땅에서의 불행이나 사고가 개인적인 죄로 인한 결과라고 생각했다.

8 종이 주인에게 대답했다."

주인님, 올해만 그냥 놔두십시오. 제가 나무 주위에 고랑을 파고 거름을 주겠습니다.

9

만일 내년에 열매를 맺으면 놔두시고, 열매를 맺지 못한다면 베어 버리십시오.

10 예수님께서 안식일에 어느 한 회당에서 가르치고 계셨습니다.

11 거기에 십팔 년 동안 병마에 시달린 여자가 있었습니다. 그는 허리가 굽어서 몸을 조금도 펼 수 없었습니다.

12 예수님께서 그 여자를 보시고 가까이 불러 말씀하셨습니다. "여자여, 네가 병에서 해방되었다."

13 예수님께서 그에게 손을 얹으시자, 그 즉시 여인이 똑바로 일어서서 하나님을 찬양하였습니다.

14 예수님께서 안식일에 병을 고치셨기 때문에 회당장이 화가 나서 사람들에게 말했습니다.

일하는 날이 육 일이 있습니다. 이런 날에 와서 병을 치료받으시오. 안식일에는 안 됩니다.

15 주님께서 대답하셨습니다. "위선자들아! 너희는 안식일에 소나 나귀를 외양간에서 풀어 내어 끌고 가서 물을 마시게 하지 않느냐?

※ **포도원을 돌보는 종**(13:7) 우리의 중보자이신 예수님 자신을 비유한다. ※ **안식일에 병을 고치셨기 때문**(13:14) 당시 39개 항이나 되는 유대인의 안식일 관습은 생명이 위독한 경우가 아니면 안식일에 병을 고치는 것을 금지했다.

16 그런데 이 여자는 아브라함의 딸로서 십팔 년 동안 사탄에 매여 있었다. 안식일에 이 사람의 매임을 풀어 주어야 하지 않겠느냐?"

17 예수님께서 이 말씀을 하시자, 예수님을 반대하던 사람들이 모두 부끄러워했고, 모든 사람들은 예수님께서 행하신 영광스러운 일을 보고 기뻐했습니다.

18 예수님께서 말씀하셨습니다. "하나님 나라는 무엇과 같으며 무엇에 비교할 수 있을까?

19 하나님 나라는 어떤 사람이 자신의 밭에 가지고 가서 뿌린 겨자씨와 같다. 그 씨가 자라고 나무가 되어서, 공중의 새들이 그 가지에 둥지를 틀었다."

20 예수님께서 또 말씀하셨습니다.

하나님 나라를 무엇에 비교할 수 있을까?

21 "하나님 나라는 마치 누룩과 같다. 어떤 여자가 이것을 가져다가 밀가루 세 말에 섞으니 전체가 부풀게 되었다."

22 예수님께서 예루살렘으로 향하여 가시던 중 각 도시와 마을을 두루 지나셨습니다.

23 어떤 사람이 예수님께 물었습니다. "주님, 구원받을 사람은 적습니까?" 그러자 예수님께서 말씀하셨습니다.

※ **겨자씨(13:19)** 다른 씨앗에 비해 유난히 작다. 그러나 다 자란 겨자나무는 키나 3미터나 된다. ※ **공중의 새들(13:19)** 복음을 믿게 될 세계의 민족들을 상징한다.

좁은 문으로 들어가려고 힘써라. 내가 너희에게 말한다. 많은 사람들이 그곳으로 들어가려고 하지만 들어갈 수 없을 것이다.

25 "일단 집주인이 일어나서 문을 닫아 버리면, 너희가 밖에 서서 문을 두드리며 '주인님, 문을 열어 주십시오' 하고 말할 것이다. 그러면 그가 대답할 것이다. '나는 너희가 도대체 어디서 온 사람들인지 모른다.'

26 그때에 너희가 이렇게 말할 것이다. '저희는 주님 앞에서 먹고 마셨으며, 주님께서는 저희를 길거리에서 가르치셨습니다.'

27 그러나 주인이 말할 것이다. '내가 너희에게 말한다. 나는 너희가 어디에서 왔는지 모른다. 악을 행하는 자여, 썩 물러가거라!'

28 아브라함과 이삭과 야곱과 그리고 모든 예언자들이 하나님 나라에 있는데 너희만 밖으로 쫓겨난 것을 볼 때에 너희가 슬피 울며 이를 갈 것이다.

누가복음 TIP

유대인들은 자신들만 하나님의 선택받은 민족이므로 이 세상이 끝나는 날에 그들만 구원을 얻을 것이며 다른 민족들은 버림을 받을 것이라는 고정관념을 가지고 있었어요. 그러나 예수님께서는 예수님의 말씀을 듣지 않고 회개하지 않으며 악을 행하는 사람들은 구원을 얻을 수 없고, 예수님을 믿으며 하나님 앞에 회개하고 돌아온 사람은 유대인이든 다른 민족이든 상관없이 구원을 얻는다고 말씀하셨지요. 예수님은 유대인만이 아니라 모든 사람을 위한 완전한 구원을 이루셨어요.

29 사람들이 동서남북 사방으로부터 와서 하나님 나라의 잔치 자리에 앉을 것이다.

30 보아라. 꼴찌가 첫째가 되고, 첫째가 꼴찌가 될 사람도 있다."

31 그때에 어떤 바리새파 사람들이 예수님께 와서 말했습니다.

이곳을 떠나십시오!
헤롯이 선생님을
죽이려고 합니다!

32 예수님께서 그들에게 말씀하셨습니다. "가서 그 여우에게 말하여라. '오늘과 내일은 내가 마귀를 쫓아내고 병을 고칠 것이다. 그리고 삼 일째 되는 날에 내 일을 이룰 것이다.'

33 그러나 오늘과 내일 그리고 그 다음 날에도, 나는 내 갈 길을 가야 한다. 예루살렘 밖에서 예언자가 죽을 수 없다.

34 예루살렘아, 예언자들을 죽이고 너에게 보낸 사람들을 돌로 친 예루살렘아! 암탉이 날개 아래에 병아리를 품듯이 내가 네 자녀들을 모으려고 여러 번 노력하지 않았더냐? 그런데 너희는 원하지 않았다.

35 보아라. 너희의 집은 무너질 것이다. 내가 너희에게 말한다. 너희가 '주의 이름으로 오시는 이가 복이 있다'라고 말하게 되는 날까지 너희가 나를 보지 못할 것이다."

※ **여우**(13:32) 가장 간교하며 해롭고 하찮은 사람이라는 뜻으로 유대인들이 사용하는 표현이다. 예수님께서는 세례 요한을 죽이고 부귀 영화를 누리며 사는 헤롯을 여우라고 하셨다.

누가복음 14장

1 안식일에 예수님께서 음식을 드시러 어느 한 바리새파 지도자의 집에 들어가셨습니다. 사람들이 예수님을 가까이서 지켜보고 있었습니다.

2 그때, 수종병 환자 한 사람이 예수님 앞에 나타났습니다.

3 예수님께서 율법학자들과 바리새파 사람들에게 말씀하셨습니다. "안식일에 병을 고치는 것이 옳으냐? 옳지 않으냐?"

4 그러나 사람들은 잠잠했습니다. 예수님께서 병자를 붙잡고 그를 고쳐 주셨습니다. 그리고 그를 보냈습니다.

5 예수님께서 바리새파 사람들과 율법학자들에게 말씀하셨습니다. "만일 너희 아들이나 소가 안식일에 우물에 빠졌다면, 즉시 끌어내지 않겠느냐?"

6 사람들은 아무런 대답도 할 수 없었습니다.

7 예수님께서 초대받은 손님들이 서로가 윗자리를 차지하려는 것을 보시고, 비유를 들어 말씀하셨습니다.

※ **수종병(14:2)** '고창병'이라고도 하는데, 심장이나 신장에 문제가 생겨 세포 안에 물이 차올라 몸이 부풀어 오르는 병이다.

8 "어떤 사람의 결혼 잔치에 초대받았을 때 윗자리에 앉지 마라. 혹시 너보다 귀한 손님이 초대받았을 경우,

9 너희를 잔치에 초대한 주인이 와서 말할 것이다. '자리를 이분에게 내주십시오.' 그러면 너희는 부끄러워하면서 끝자리로 내려가야 할 것이다.

10 너희가 초대를 받으면 끝자리로 가서 앉아라. 그러면 너를 초대한 주인이 와서 말할 것이다. '친구여, 윗자리로 올라 앉으시오.' 그러면 다른 모든 잔치 손님들이 보는 앞에서 영광을 얻을 것이다."

11

자신을 높이는 사람은 낮아지고, 자신을 낮추는 사람은 높아질 것이다.

12 예수님께서 초대한 사람에게도 말씀하셨습니다. "너는 점심이나 저녁을 차려 놓고 네 친구들, 형제들, 친척들, 그리고 부유한 이웃들을 초대하지 마라. 이들은 너를 도로 초대하여 보답을 한다.

13 오히려 잔치를 베풀 때는 가난한 사람들, 걷지 못하는 사람들과 다리를 저는 사람들과 보지 못하는 사람들을 초대하여라.

누가복음 TIP

당시 유대인들이 사용하던 식탁은 디귿(ㄷ)자 모양으로 생겼어요. 지위에 따라 앉는 순서가 정해져 있는데, 중앙이 가장 높은 자리이고, 그 다음은 다른 두 면의 중앙이 높은 자리였어요. 그리고 가장 신분이 높은 사람이 제일 늦게 오는 것이 당시의 문화였기 때문에 만약 신분이 낮은 사람이 높은 자리에 먼저 앉으면 나중에 도착한 더 높은 사람에게 자리를 내주고 남아 있는 끝자리에 가서 앉아야 했어요. 바리새인과 율법학자들은 윗자리에 앉아 대접받기를 원하는 교만한 모습을 보였어요. 하지만 예수님은 스스로 낮아지는 겸손한 자세로 살라고 말씀하셨지요.

14 그러면 너희에게 복이 있을 것이다. 그들은 네게 되갚을 것이 없다. 너는 의인들이 부활할 때에 보상을 받을 것이다."

15 예수님과 같이 식사를 하던 사람 중에 한 사람이 이 말씀을 듣고서 예수님께 말했습니다.

하나님 나라의 잔치 자리에 앉을 사람은 참으로 복이 있습니다.

16 예수님께서 그에게 말씀하셨습니다. "어떤 사람이 큰 잔치를 베풀고 많은 사람들을 초대하였다.

17 시간이 되었을 때, 그 사람은 종을 보내어 초대한 사람들에게 알렸다. '준비가 다 되었으니 오십시오.'

18 그러나 그들은 모두 한결같이 핑계를 대기 시작했다. 첫 번째 사람이 말했다.

내가 밭을 샀는데 가서 둘러봐야 합니다. 부디 양해해 주십시오.

19 또 한 사람이 말했다. '나는 소 열 마리를 샀는데, 이것들을 부려 보러 가는 길입니다. 부디 양해해 주십시오.'

20 세 번째 사람이 말했다.

나는 지금 장가를 들어서 갈 수 없습니다.

21 종이 돌아와서 주인에게 이 사실을 알렸다. 그러자 집주인이 화가 나서 말했다.

당장 가서 동네의 길과 골목을 다니며 가난한 사람, 걷지 못하는 사람, 보지 못하는 사람, 다리를 저는 사람들을 데려오라!

※ **소 열 마리(14:19)** 유대인들은 소 두 마리가 끄는 커다란 쟁기인 '겨리'로 밭을 갈았다. 소 열 마리를 산 자라면 큰 부자이며, 이 소들을 시험하려고 잔치에 참여할 수 없다는 것은 핑계에 불과하다.

22 그 후에 종이 말했다.

주인님, 말씀하신 것들을 다 했습니다만 아직도 자리가 비어 있습니다.

23 그러자 주인이 종에게 말하였다. '큰길과 골목길을 돌아다니며 사람들을 오게 하여 내 집을 채워라.

24 내가 너희에게 말한다. 먼저 초대받았던 사람들은 아무도 내 잔치를 맛보지 못할 것이다.'"

25 많은 사람들이 예수님과 함께 길을 가고 있었습니다. 예수님께서 이들에게 돌아서서 말씀하셨습니다.

26

누구든지 내게로 오면서 자신의 아버지, 어머니, 아내, 자녀, 형제, 혹은 자매를 미워하지 않으면 그리고 더 나아가 자신의 목숨까지도 미워하지 않으면 내 제자가 될 수 없다.

27 "누구든지 자기 십자가를 지고 나를 따르지 않는 사람은 내 제자가 될 수 없다.

28 너희 가운데 한 사람이 탑을 세우려고 하는데, 우선 앉아서 이 일을 완성하는 데 얼마의 비용이 들지 따져 볼 것이 아니냐?

※ **미워하지 않으면**(14:26) '미워하다'의 원어적인 뜻은 '덜 사랑하다'이다. 예수님의 제자가 되기 위한 첫 번째 조건은 예수님이 사랑의 최우선 순위가 되어야 한다는 것이다.

29 만일 기초 공사만 하고 완성할 수 없게 되면 보던 사람들이 모두 너를 비웃기 시작할 것이다.

30 그리고 '이 사람이 공사를 시작만 하고 끝내지는 못했다'라고 말할 것이다.

31 만일 어떤 임금이 다른 왕과 전쟁을 하러 나갈 때, 우선 앉아서 만 명 군사로 이만 명의 군사를 이끌고 오는 자를 이길 수 있을지 헤아려 보지 않겠느냐?

32 이길 수 없다면 아직 적군이 멀리 있을 때에 특사를 보내어 평화 조약을 제의할 것이다.

33

이와 같이 너희 가운데 누구든지 가지고 있는 모든 것을 버리지 않으면, 내 제자가 될 수 없다.

34 "소금은 좋은 것이지만 만일 그 맛을 잃어버리면 무엇으로 다시 짠맛을 내겠느냐?

35 그것은 땅에도 거름에도 아무 쓸모 없어 밖에 던져질 것이다. 들을 귀 있는 사람은 들어라."

※ 소금…맛을 잃어버리면(14:34) 사해의 물을 증발시켜 만든 소금은 다양한 성분이 포함되어 있으나 일부는 쓴 맛을 내는 암석 덩어리와 같은 상태인 것도 있었다. 겉으로는 소금이나 먹을 수가 없는 소금이다.

누가복음 15장

1 많은 세리들과 죄인들이 말씀을 들으려고 예수님께 가까이 나왔습니다.

2 바리새파 사람들과 율법학자들이 수군거리기 시작했습니다.

이 사람이 죄인들을 받아들이고 함께 먹기까지 한다.

3 그러자 예수님께서 그들에게 이 비유를 말씀하셨습니다.

4 "너희 중에 어느 사람이 양 백 마리가 있는데 그 가운데 한 마리를 잃었다고 하자. 그러면 그는 아흔아홉 마리의 양을 들판에 남겨 두고 잃은 양을 찾을 때까지 찾아다닐 것이 아니냐?

5 그리고 양을 찾으면 양을 어깨에 메고 기뻐할 것이다.

6 집으로 돌아오는 길에 친구들과 이웃을 불러 말할 것이다.

함께 기뻐하자. 잃었던 양을 찾았다.

7 내가 너희에게 말한다. 하늘에서는 회개할 필요 없는 아흔아홉 명의 의인보다 회개하는 죄인 한 명을 두고 더 기뻐할 것이다."

※ **함께 기뻐하자(15:6)** 양과 동전, 아들을 찾았을 때 모두 공통적으로 이웃을 불러 잔치를 즐기는 모습은 하나님께 죄인이 돌아왔을 때의 기쁨이 하나님 나라 전체로 퍼지는 것을 의미한다.

8 "어떤 여자가 열 개의 드라크마를 가지고 있다가 하나를 잃어버렸다고 하자. 그러면 등불을 켜고 온 집안을 쓸며 찾을 때까지 자세히 뒤지지 않겠느냐?

9 그러다 찾으면 친구들과 이웃들을 불러 말할 것이다.

나와 함께 기뻐하자. 잃었던 드라크마를 찾았다.

10 내가 너희에게 말한다. 이처럼 회개하는 죄인 한 사람을 두고 하나님의 천사들이 크게 기뻐할 것이다."

11 예수님께서 말씀하셨습니다. "어떤 사람에게 두 아들이 있었다.

12 그런데 작은아들이 아버지에게 말했다. '아버지, 제가 받을 몫의 재산을 주십시오.' 그러자 아버지는 재산을 두 아들에게 나누어 주었다.

13 며칠 뒤에 작은아들은 모든 재산을 모아서 먼 마을로 떠나 버렸다. 거기서 그는 방탕한 생활을 하다가 재산을 다 날려 버렸다.

14 모든 것을 다 써 버렸을 때, 그 마을에 큰 흉년이 들었다. 그래서 그는 아주 가난하게 되었다.

15 그는 그 마을에 사는 한 사람에게 가서 더부살이를 하였다. 집주인은 그를 들판으로 보내 돼지를 치게 하였다.

※ **열 개의 드라크마(15:8)** 유대 여자는 남편이 결혼 지참금으로 준 열 개의 드라크마로 머리띠를 만들어 머리를 장식했다. 그중에 하나라도 잃어버리는 것은 결혼반지를 잃어버리는 것과 같은 큰일이었다.

16 그는 돼지가 먹는 쥐엄나무 열매를 먹어 배를 채우고 싶은 마음이 간절했다. 그러나 주는 사람이 없었다.

17 그제서야 그는 제정신이 들어 말했다. '내 아버지의 품꾼들에게는 양식이 풍족하여 먹고도 남는데 나는 여기서 굶어 죽는구나.

18 일어나 아버지께 돌아가 말해야겠다. 아버지, 저는 하나님과 아버지 앞에 죄를 지었습니다.

19 저는 더 이상 아버지의 아들이라고 불릴 자격이 없습니다. 저를 아버지의 품꾼 가운데 하나로 여기십시오.'

20 그 아들은 일어나 아버지에게로 갔다. 그 아들이 아직 먼 거리에 있는데, 아버지가 그를 보고 불쌍히 여겨 달려가 아들을 끌어안고 입을 맞추었다.

21 아들이 아버지에게 말하였다. '아버지, 저는 하나님과 아버지 앞에 죄를 지었습니다. 저는 아버지의 아들이라고 불릴 자격이 없습니다.'

22 그러나 아버지는 종들에게 말했다.

서둘러 가장 좋은 옷을 가져와서 아들에게 입혀라. 또 손가락에 반지를 끼워 주고 발에 신발을 신겨라.

23 '그리고 살진 송아지를 끌고 와서 잡아라. 우리가 함께 먹고 즐기자.

※ 돼지(15:16) 유대인은 이방인의 종이 되는 것을 수치스럽게 여겼고, 돼지를 가까이 하지도 않았다. ※ 쥐엄나무 열매 (15:16) 가축의 사료로 주로 사용되던 열매. 흉년에는 가난한 사람들이 먹기도 했다.

24 내 아들이 죽었다가 다시 살아났고, 잃어버렸다가 다시 찾았다.' 그래서 그들은 함께 즐기기 시작하였다.

25 그때, 큰아들은 밭에 있었다. 그가 돌아와 집 가까이 다가왔을 때, 음악 소리와 춤추는 소리를 들었다.

26 그는 종 하나를 불러 무슨 일인지를 물어보았다.

27 종이 '아우님이 돌아오셨습니다. 무사히 건강하게 아우님이 돌아왔기 때문에 주인 어른께서 살진 송아지를 잡았습니다' 하고 대답했다.

28 큰아들은 화가 나서 집에 들어가려고 하지 않았다. 그의 아버지가 밖으로 나와 큰아들을 달랬다.

누가복음 TIP

아버지가 살아 있을 때 유산을 달라는 것은 부모를 공경하라는 십계명을 어기는 일이고, 중동 문화에서는 상상할 수 없는 나쁜 요구지요. 둘째 아들은 아버지의 유산을 미리 받아 자기 마음대로 모두 써버렸어요. 그런데 모든 것을 잃은 아들이 돌아왔을 때 아버지는 가장 좋은 옷을 입히고, 반지를 끼워 주고, 신발을 신겨 주었어요. 이것은 아들의 망가진 명예를 회복시켜 주고, 집안의 한 가족으로 받아들여 주며, 종이나 품꾼이 아니라 자유인으로 살게 해주었다는 뜻이에요. 하나님의 마음도 이 비유에 등장하는 아버지와 같답니다.

29 큰아들은 아버지에게 말했다.

보십시오. 저는 수 년 동안, 아버지를 섬겨 왔습니다. 그리고 한 번도 아버지의 명을 어기지 않았습니다! 그런데 아버지께서는 한 번도 저를 위해서 친구들과 즐기라고 염소 새끼 한 마리도 주신 일이 없었습니다!

30 '그런데 창녀들과 함께 아버지의 재산을 다 써 버린 아들이 집에 돌아오니까 아버지께서는 그를 위해 살진 송아지를 잡으셨습니다.'

31 아버지가 그에게 말했다.

아들아, 너는 언제나 나와 함께 있었으니 내가 가진 모든 것이 네 것이 아니냐?

32 '네 동생은 죽었다가 다시 살아났고, 잃었다가 다시 찾았으니 우리가 즐거워하고 기뻐해야 하지 않겠느냐?'"

✣ **큰아들(15:29)** 하나님이 죄인을 향해 베푸시는 사랑을 비난하는 종교지도자들을 비유한다. ✣ **명(15:29)** 맏아들은 아버지 집에서 명을 지키며 '종'처럼 산다고 생각하고 있었다.

누가복음 16장

1 예수님께서 제자들에게 또 말씀하셨습니다. "어떤 부자에게 재산을 관리하는 일꾼이 있었는데, 이 일꾼이 재산을 낭비한다는 소문이 들렸다.

2 그래서 그를 불러다가 말했다.

내가 자네에 관해 들은 소문이 어찌 된 일인가? 더 이상 자네를 일꾼으로 쓸 수 없으니, 자네의 일을 정리해 주게.

3 그러자 그 일꾼은 속으로 생각했다. '주인이 내 일을 빼앗으니 어떻게 해야 하나? 땅을 파자니 힘이 없고, 구걸을 하자니 창피한 노릇이구나.

4 내가 할 일을 알았다. 내가 이 자리에서 물러날 때, 사람들이 나를 집으로 맞이하게 만들어야겠다.'

5 그 일꾼은 주인에게 빚진 사람들을 하나씩 불렀다. 첫째 사람에게 물었다.

주인에게 빚진 것이 얼마요?

6 그가 '올리브 기름 백 말이오'라고 대답하자 그 일꾼이 말했다. '당신의 문서가 여기 있으니 어서 앉아서 오십 말이라고 적으시오.'

7 또 다른 사람에게, 그가 진 빚이 얼마냐고 물었다. '밀 백 섬이오'라고 대답하자 그 일꾼이 말했다. '당신의 문서가 여기 있으니 팔십 섬이라고 적으시오.'

※ **기름 백 말(16:6)** 1,000 데나리온의 값어치가 있는 많은 기름이다. 당시 노동자의 하루치 품삯은 1 데나리온이었다.

※ **밀 백 섬(16:7)** 자그마치 2,500데나리온에 해당하는 엄청난 양이다.

8 주인이 그 불의한 일꾼이 슬기롭게 행동하는 것을 보고 그를 칭찬하였다. 이 시대의 아들들이 자기 일을 처리하는 데 있어서는 빛의 자녀들보다 더 슬기롭다.

9 내가 너희에게 말한다. 불의한 재물로 친구를 사귀어라. 그러면 그 재물이 없어질 때, 그들이 너희를 영원한 곳으로 맞아들일 것이다.

10 아주 작은 일에 충실한 사람은 많은 것에도 충실하다. 아주 작은 일에 충실하지 못한 사람은 많은 것에도 충실하지 못하다.

11 그러므로 너희가 불의한 재물에도 충실하지 못하면, 누가 참된 것을 너희에게 맡기겠느냐?

12 너희가 다른 사람의 것에 충실하지 못하면, 누가 너희 몫을 너희에게 주겠느냐?

13 그 어떤 종도 두 주인을 섬길 수 없다. 한 편을 미워하고 다른 편을 사랑하든지 아니면 한 편에게는 충성을 하고 다른 편은 무시하든지 할 것이다. 너희는 하나님과 재물을 함께 섬길 수 없다."

14 돈을 좋아하는 바리새파 사람들이 이 모든 것들을 들었습니다. 그리고 예수님을 비웃었습니다.

※ **이 시대의 아들들**(16:8) 여기서는 '믿지 않는 사람들'을 가리킨다. ※ **불의한 재물**(16:9) 부정직하게 얻은 재물이라기보다는 세상적인 재물이라는 뜻으로 쓰였다.

15 예수님께서 이들에게 말씀하셨습니다. "너희는 사람들 앞에서 스스로를 의롭다고 한다. 그러나 하나님께서 너희의 마음을 아신다. 사람에게 존경을 받는 것이 하나님께는 미움을 받는 것이다.

16 율법과 예언자의 때는 요한까지이다. 그러나 요한 이후부터는 하나님 나라의 복음이 전파된다. 모든 사람이 그 나라에 들어가려고 힘쓰고 있다.

17 율법의 작은 글자 하나가 떨어져 나가는 것보다 하늘과 땅이 없어지는 것이 더 쉬울 것이다.

18 자기 아내와 이혼하고 다른 여자와 결혼하는 사람은 누구나 간음죄를 짓는 것이다. 남편과 이혼한 여자와 결혼하는 사람도 간음죄를 짓는 것이다."

19 예수님께서 말씀하셨습니다. "어떤 부자가 있었다. 이 사람은 언제나 가장 비싼 옷을 입고 매일 호화스럽게 살았다.

20 한편, 그 집 대문 앞에는 나사로라는 한 가난한 사람이 누워 있었는데, 몸에는 부스럼투성이였다.

21 그가 부자의 식탁에서 떨어지는 부스러기로 주린 배를 채우기를 원했다. 심지어 개들이 와서 그의 부스럼을 핥았다.

※ **율법과 예언자(16:16)** 구약성경 전체를 가리키는 말이다. ※ **나사로(16:20)** 구약의 '엘리에셀' 혹은 '엘르아살'의 축약형으로, '하나님이 도우신다'라는 뜻이다.

22 어느 날, 그 거지가 죽어 천사들에게 이끌려 아브라함의 팔에 안겼다. 부자도 죽어 땅에 묻혔다.

23 부자는 지옥에서 고통 가운데 있다가 눈을 들어 보았다. 멀리 아브라함이 보이고, 나사로가 그의 품에 안겨 있는 것을 보았다.

24 그가 소리쳐 말했다.

아버지 아브라함이여, 제게 자비를 베풀어 주십시오. 제 혀를 적실 수 있도록 나사로의 손가락 끝에 물을 찍어 제게 보내 주십시오. 제가 이 불꽃 가운데서 몹시 고통을 당하고 있습니다.

25 그러나 아브라함은 말했다. '애야, 네가 살아 있을 때에 좋은 것을 마음껏 누렸고, 나사로는 온갖 나쁜 것을 겪은 것을 기억하여라. 이제 나사로는 여기서 위로를 받고, 너는 고통을 받는다.

26 이뿐 아니라 우리와 너희 사이에는 큰 구렁이 있어서 어느 누구도 너희를 돕기 위해 건너갈 수 없고 아무도 그곳에서 우리에게로 건너올 수 없다.'

27 부자가 말했다. '그러면 제발 부탁입니다. 아버지, 나사로를 내 집안에 보내 주십시오.

28 제게 형제가 다섯 명이 있는데, 나사로가 가서 증언하여서 그들이 이 고통받는 곳에 오지 않게 해 주십시오.'

※ **아브라함의 팔**(16:22) 축복의 자리, 낙원을 상징한다. ※ **큰 구렁**(16:23) 유대 지방 사막에 있는 물 없는 깊은 골짜기와 같은 곳을 말한다. 천국과 지옥이 완전히 구분되어 있음을 묘사하는 표현이다.

29 아브라함이 대답했다. '그들에게는 모세와 예언자들이 있다. 그들은 그 소리를 들어야 한다.'

30 부자가 말했다. '그렇지 않습니다. 아버지 아브라함이여! 누군가 죽었다가 살아나 그들에게로 가면 그들이 회개할 것입니다.'

31 아브라함이 그에게 대답했다.

만일 그들이 모세와 예언자들의 말을 듣지 않는다면, 죽은 사람이 다시 일어나도 그들은 믿지 않을 것이다.

누가복음 TIP

당시 유대인들은 손으로 음식을 먹었기 때문에 빵을 이용해 손에 묻은 음식 찌꺼기를 닦아냈어요. 손을 다 닦고 나면 사용한 빵을 땅에 버려 개들이 먹게 했지요. 유대인들에게 개는 아주 더러운 짐승이었는데 이런 개들이 먹는 빵 부스러기를 먹고, 개들이 핥는 것을 내쫓을 힘도 없을 만큼 나사로는 비참했어요. 하지만 부자는 당시 왕이나 귀족이 입는 값비싼 자색 옷과 고운 베옷을 입고 하나님을 모른 채 살았어요. 두 사람이 죽은 후에 이들의 운명은 뒤바뀌었어요. 나사로는 편안히 쉬며 위로를 받았고, 하나님을 믿지 않고 이웃을 사랑하지 않은 부자는 지옥의 고통 속에 살게 되었지요.

1 예수님께서 제자들에게 말씀하셨습니다. "죄짓게 하는 일이 없을 수는 없다. 그러나 죄짓게 하는 사람에게는 화가 있다.

2 어린아이 하나라도 죄짓게 하면 차라리 자기 목에 연자 맷돌을 달고 바다에 빠지는 것이 더 나을 것이다.

3 너희는 조심하여라. 만약 네 형제가 죄를 짓거든 책망하여라. 그러나 회개하거든 용서하여라.

4 만일 네 형제가 하루에 일곱 번이라도 네게 죄를 짓고, 그때마다 돌아와서 잘못했다고 빌면 용서해 주어라."

5 사도들이 주님께 말했습니다.

우리의 믿음을 더하여 주십시오.

6 주님께서 말씀하셨습니다. "만일 너희에게 겨자씨만한 믿음이 있으면, 이 뽕나무더러 '뿌리째 뽑혀 바다에 심겨라' 해도 그것이 네 말에 순종할 것이다."

7 "너희 가운데 밭을 갈거나 양을 치는 일을 맡은 종이 있는데, 그가 밭에서 돌아오면 '어서 이리 와서 앉아 먹어라' 하고 말할 사람이 누가 있겠느냐?

※ **연자 맷돌**(17:2) 손으로 돌리는 작은 맷돌이 아니라 방앗간에서 나귀에게 매어 돌리는 커다란 맷돌이다. ※ **일곱 번** (17:4) '일곱'은 성경에서 완전함을 의미하는 숫자다. 많은 죄를 지었더라도 진실로 회개하면 용서를 받을 수 있다.

8 오히려 종에게 '너는 내가 먹을 것을 준비하고 내가 먹고 마시는 동안, 허리를 동이고 시중들다가 그 후에 먹고 마시라' 하지 않겠느냐?

9 시키는 대로 했다고 해서 주인이 종에게 고맙다고 하겠느냐?

10 이와 같이 너희도 명령받은 것을 다 행하고 나서 '우리는 가치 없는 종입니다. 우리는 그저 해야 할 일을 했을 뿐입니다'라고 말해야 할 것이다."

11 예수님께서 예루살렘으로 가시는 길에 사마리아와 갈릴리 사이를 지나시게 되었습니다.

12 예수님께서 어떤 마을에 들어가시다가 열 사람의 문둥병 환자를 만났습니다. 그들은 멀리 서서

13 목소리를 높였습니다.

예수 선생님! 우리에게 자비를 베풀어 주십시오.

14 예수님께서 그들을 보시고 "제사장에게 가서 너희 몸을 보여라" 하고 말씀하셨습니다. 그들은 가는 도중에 몸이 깨끗하게 되었습니다.

15 그들 가운데 하나가 자기가 나은 것을 보고 돌아와서 큰 소리로 하나님께 영광을 돌렸습니다.

※ **문둥병(17:12)** 나균에 감염되어 피부 감각이 마비되고, 세균 감염으로 쉽게 피부가 상해 손발이나 얼굴에 변형이 오는 만성 전염병. 나병, 한센병이라고도 한다.

16 그리고 예수님의 발 앞에 엎드려 감사를 드렸습니다. 그는 사마리아 사람이었습니다.

17 예수님께서 말씀하셨습니다. "열 사람이 다 깨끗하게 되지 않았느냐? 그런데 아홉은 어디 있느냐?"

18 이방인 외에는 하나님께 영광을 돌리러 돌아온 사람이 없단 말이냐?

19 그리고 그에게 말씀하셨습니다.

일어나 가거라. 네 믿음이 너를 낫게 하였다.

20 바리새과 사람들이 하나님 나라가 언제 오는지에 대하여 물으니, 예수님께서 대답하셨습니다. "하나님 나라는 볼 수 있는 모습으로 오는 것이 아니다.

21 또 '보아라. 하나님 나라가 여기 있다. 저기 있다'라고 말할 수도 없다. 왜냐하면 하나님 나라가 너희 가운데 있기 때문이다."

22 예수님께서 제자들에게 말씀하셨습니다. "너희가 인자의 날을 단 하루만이라도 보고 싶어 해도 보지 못할 때가 올 것이다.

23 또 사람들이 '보아라. 여기 있다. 저기 있다!' 하여도 너희는 그들을 따라 나서거나 찾지 마라."

※ **사마리아 사람**(17:16) 유대인들은 사마리아인들과 사귀지 않았지만, 문둥병에 걸려 공동체에서 나와야 했을 때 유대인·사마리아인을 따지는 마음이 없어지고 함께 하다가 고통 속에서 예수님의 자비를 구했다.

24

마치 번개가 하늘 이편에서 번쩍하여 하늘 저편까지 비치듯이 인자도 자기의 날에 그와 같을 것이다.

25 "그러나 인자가 먼저 많은 고난을 당하고 이 세대 사람들에게 배척을 받아야 한다.

26 마치 노아의 시대처럼 인자의 날도 그와 같을 것이다.

27 노아가 배에 들어가는 날까지 사람들은 먹고 마시며 장가가고 시집을 갔다. 그러다가 홍수가 나서, 그들을 모두 멸망시켰다.

28 롯의 시대에도 이와 같은 일이 있었다. 사람들이 먹고 마시며 사고 팔고 심고 집을 지었다.

29 그러나 롯이 소돔을 떠나던 날, 하늘에서 불과 유황이 비오듯이 쏟아져 모두 멸망당하고 말았다.

30 인자가 나타나는 날에도 바로 그와 같을 것이다.

※ 인자(17:24) 예수님께서 자신을 가리키는 호칭으로 자주 사용하신 표현. ※ 배척(17:25) 따돌리거나 거부하여 밀어내치는 것을 말한다.

31 그날에 지붕 위에 있는 사람은 집 안에 있는 물건을 가지러 내려가지 마라. 들에 있는 사람도 돌아가지 마라.

32 롯의 아내를 기억하여라.

33 누구든지 자기의 생명을 지키려고 하는 사람은 잃을 것이다. 그러나 자기 생명을 버리는 사람은 얻을 것이다.

34 내가 너희에게 말한다. 그날에 두 사람이 한 자리에 누워 있을 것이나, 하나는 데려가고, 하나는 남겨 둘 것이다.

35 두 여자가 같은 곳에서 함께 맷돌을 갈고 있을 것이나, 하나는 데려가고, 하나는 남겨지게 될 것이다."

37 그때, 제자들이 대답했습니다. "주님, 어디에서 그런 일이 일어나겠습니까?" 예수님께서 제자들에게 "시체가 있는 곳에는 독수리들이 모인다"라고 말씀하셨습니다.

※ 36절 없음. 어떤 사본에는 다음과 같은 구절이 있다. "또 두 사람이 밭에 있을 것이니 하나는 데려가고 하나는 남을 것이다."

누가복음 TIP
노아의 시대와 롯의 시대는 구약에 일어난 하나님의 대표적인 심판이 있던 때를 말해요. 노아의 시대에 홍수 심판이 있기전, 사람들은 홍수가 일어날 것을 믿지도 않고 알려고 하지 않은 채 매일 죄를 짓고 살았지요. 롯의 시대에는 소돔과 고모라가 심판을 받았어요. 아브라함의 조카 롯은 아브라함의 기도로 구원을 받았지만 소돔 사람들은 롯의 경고를 농담처럼 여겼고, 갑자기 시작된 심판으로 멸망당했지요. 언젠가 예수님이 다시 오실 때는 그리스도인들에게 영광과 기쁨의 순간이지만, 예수님을 믿지 않았던 사람들에게는 심판의 순간이 될 거예요.

누가복음 18장

1 예수님께서 언제나 기도하고 희망을 잃지 말아야 할 것을 가르치시기 위해 제자들에게 비유를 말씀하셨습니다.

2 "어떤 마을에 하나님을 두려워하지 않고 사람들을 무시하는 재판관이 있었다.

3 그 마을에 과부가 한 명 있었다. 그는 재판관을 찾아가서 말하였다.

내 원수를 갚아 주십시오!

4 그 재판관은 한동안, 그의 간청을 들어주려고 하지 않았다. 그러나 얼마 후에 속으로 중얼거렸다.

내가 하나님을 두려워 하지 않고 사람을 무시 하지만

5 '이 과부가 나를 귀찮게 하니 그의 간청을 들어주어야겠다. 그렇지 않으면 계속 와서 나를 괴롭힐 것이다.'"

6 주께서 말씀하셨습니다. "이 불의한 재판관이 말한 것을 들으라.

7 하나님께서 밤낮 부르짖는 하나님의 선택된 백성들의 간청을 듣지 않으시고 오랫동안 미루시겠느냐?

※ 불의(18:6) 2절에 나온 것처럼 하나님을 두려워하지 않고, 사람들을 무시함으로 하나님의 공의의 기준을 어기는 것을 말한다.

8 내가 너희에게 말한다. 하나님께서 속히 그의 백성들에게 정의를 베푸실 것이다. 그러나 인자가 올 때, 이 세상에서 이 믿음을 발견할 수 있겠느냐?"

9 자기가 의롭다고 생각하고 다른 사람을 멸시하는 사람들에게 예수님께서 이런 비유를 말씀하셨습니다.

10 "두 사람이 기도하려고 성전에 올라갔는데, 하나는 바리새파 사람이고, 하나는 세리였다.

11 바리새파 사람이 서서 이렇게 기도하였다. '하나님, 저는 다른 사람 즉 사기꾼, 죄인, 간음을 행하는 자와 같지 않고 이 세리와 같지 않은 것에 감사를 드립니다.'

12
저는 일주일에 두 번씩 금식하며 모든 수입의 십일조를 바칩니다.

13 한편, 세리는 멀리 서서 감히 눈을 들어 하늘을 보지도 못하고, 다만 가슴을 치며 말했다.

하나님, 이 죄인을 불쌍히 여겨 주십시오.

14 내가 너희에게 말한다. 이 사람이 저 바리새파 사람보다 의롭다는 인정을 받고 집으로 돌아갔다. 누구든지 자기를 높이는 사람은 낮아지고, 자기를 낮추는 사람은 높아질 것이다."

※ **멸시**(18:9) 업신여기거나 하찮게 여겨 깔봄. ※ **십일조**(18:12) 농업 생산물, 상업에서 얻은 물건들, 혹은 전리품의 십분의 일을 하나님께 예물로 드리는 것.

15 사람들이 예수님께서 만져 주시기를 원하여 어린아이들을 데리고 왔습니다. 제자들이 이를 보고 그들을 꾸짖었습니다.

16 그러나 예수님께서 그들을 부르시고 말씀하셨습니다.

어린아이들이 내게로 오는 것을 막지 마라. 하나님 나라는 이런 어린아이들의 것이다.

17 "내가 진정으로 너희에게 말한다. 어린아이와 같이 하나님 나라를 받아들이지 않는 사람은 하나님 나라에 들어갈 수 없다."

18 어떤 지도자가 예수님께 "선한 선생님, 영생을 얻으려면 무엇을 해야 합니까?"라고 물었습니다.

19 예수님께서 대답하셨습니다.

왜 나를 선하다고 하느냐? 선한 분은 오직 하나님 한 분뿐이시다.

20 "너는 계명들을 알고 있다. '간음하지 마라. 살인하지 마라. 도둑질하지 마라. 거짓 증언하지 마라. 네 아버지와 어머니를 공경하여라.'"

21 그가 대답했습니다.

이 모든 것을 저는 어려서부터 다 지켜 왔습니다.

※ **어린아이**(18:15) 당시는 여자와 아이를 인격체로 대우하지 않았다. 제자들은 예수님께 중요하지 않은 아이들을 데려왔기 때문에 사람들을 꾸짖은 것이다. ※ **영생**(18:18) 멸하지 않는 영원한 생명, 영원한 삶.

22 예수님께서 이 말을 들으시고 그에게 말씀하셨습니다.

> 네게 아직도 부족한 것이 하나 있다. 네 재산을 다 팔아 가난한 사람들에게 나누어 주어라. 그러면 하늘에서 보화를 얻을 것이다. 그리고 와서 나를 따르라.

23 이 말씀을 듣고 그는 몹시 근심하였습니다. 왜냐하면 그는 큰 부자였기 때문입니다.

24 예수님께서 그를 보시며 말씀하셨습니다.

> 부자가 하나님 나라에 들어가는 것이 참으로 어렵다.

25 "부자가 하나님 나라에 들어가는 것보다, 낙타가 바늘 구멍으로 지나가는 것이 더 쉽다."

누가복음 TIP

유대인 소년은 열세 살에 성년식을 거치면 '언약의 아들'(바르 미쯔바)이 되어 자신의 행동에 대한 종교적인 책임을 스스로 져야했어요. 이 유대인 지도자는 열세 살부터 지금까지 율법이 말하고 있는 일들을 잘 지키며 살아왔어요. 그러나 재산을 팔아서 가난한 사람들에게 나누어주라는 예수님의 말씀에는 순종할 수가 없었지요. 이웃사랑에 대한 율법을 형식으로만 열심히 지켜왔기 때문이에요. 예수님은 이 지도자가 재산을 사랑하는 욕심이 큰 것을 꿰뚫어 보시고 이렇게 말씀하신 거예요.

26 사람들이 이 말씀을 듣고 말했습니다.

그렇다면 누가 구원받을 수 있겠습니까?

27 예수님께서 말씀하셨습니다.

사람으로는 할 수 없는 것을 하나님께서는 하실 수 있다.

28 그때, 베드로가 말했습니다. "우리는 모든 것을 버리고 주님을 따랐습니다."

29 예수님께서 제자들에게 말씀하셨습니다. "내가 진정으로 너희에게 말한다. 하나님 나라를 위해 집이나 아내나 형제나 부모나 자녀를 버린 사람은

30 이 세상에서 여러 배로 받을 것이요. 또한 오는 세상에서 영생을 얻을 것이다."

31 예수님께서 열두 제자를 따로 부르시고 말씀하셨습니다. "보아라. 우리는 예루살렘으로 올라간다. 인자에 대하여 예언자들이 기록한 모든 일이 이루어질 것이다."

32 인자가 이방인들에게 넘겨져 조롱을 당하고 모욕을 당하며 침뱉음을 당할 것이다.

※ **부자(18:23)** 단순히 돈이 많은 사람이 아니라 돈을 하나님의 자리에 놓고 자신의 욕심을 이뤄 줄 우상으로 의존하는 사람을 말한다.

33 그리고 이방인들이 인자를 채찍질한 후 죽일 것이다. 그러나 삼 일 만에 다시 살아날 것이다."

34 그러나 제자들은 이 말씀을 하나도 이해하지 못하였습니다. 이 말씀의 뜻이 감추어져 있어서 제자들은 예수님이 하시는 말씀을 이해하지 못하였습니다.

35 예수님께서 여리고에 가까이 가셨을 때였습니다. 어떤 보지 못하는 사람이 길가에 앉아 구걸하고 있었습니다.

36 많은 사람들이 지나가는 소리를 듣고 그가 무슨 일인지 물었습니다.

37 사람들이 나사렛 예수님이 지나가신다고 말해 주었습니다.

38 그러자 그는 큰 소리로 외쳤습니다. "다윗의 자손 예수님, 제게 자비를 베풀어 주십시오!"

39 앞서 가던 사람들이 그를 엄히 꾸짖으며 조용히 하라고 했습니다. 그러나 그는 더욱 큰 소리로 외쳤습니다.

다윗의 자손이여, 제게 자비를 베풀어 주십시오!

※ **다윗의 자손 예수님(18:38)** 예수님을 '다윗의 자손'이라고 부른 것은 맹인이 예수님을 메시아로 인정했다는 것을 의미한다.

40 예수님께서 걸음을 멈추시고 그를 데려오라고 명하셨습니다. 그가 가까이 왔을 때, 예수님께서 물으셨습니다.

41 "무엇을 해 주기를 원하느냐?" 그러자 그가 대답하였습니다.

주님, 다시 보기를 원합니다.

42 예수님께서 그에게 말씀하셨습니다.

눈을 떠 보아라. 네 믿음이 너를 낫게 하였다.

43 그 즉시, 그가 눈을 뜨고 예수님을 따르며 하나님께 영광을 돌렸습니다. 모든 사람들이 이것을 보고 하나님께 찬양을 드렸습니다.

※ 네 믿음(18:42) 예수님의 말씀을 아직 깨닫지 못하는 제자들의 믿음과 예수님을 믿는 믿음으로 눈을 뜨게 되고 영혼의 구원을 얻은 맹인의 믿음이 대조된다.

1 예수님께서 여리고에 들어가 거리를 지나시는 중이었습니다.

2 여리고에는 삭개오라는 사람이 있었습니다. 그는 세리장이었고, 부자였습니다.

3 삭개오는 예수님이 어떤 분인지 보려고 하였으나 사람들 때문에 볼 수 없었습니다. 그는 키가 작았던 것입니다.

4 그는 예수님을 보려고 앞서 달려가서 뽕나무에 올라갔습니다. 왜냐하면 예수님께서 그 길을 지나실 것이었기 때문입니다.

5 예수님께서 그곳에 이르러 위를 쳐다보시고 삭개오에게 말씀하셨습니다.

삭개오야, 어서 내려오너라. 오늘 내가 네 집에서 묵어야 하겠다.

6 삭개오가 빨리 내려와 예수님을 기쁘게 맞이했습니다.

7 사람들은 이것을 보고 모두 수군거렸습니다.

저 사람이 죄인의 집에 묵으려고 들어갔다.

※ **삭개오(19:2)** 이름의 뜻은 '의로운 사람' 혹은 '청결한 사람'이라는 뜻이다. 그러나 삭개오는 이름과는 정반대되는 삶을 살고 있었다.

8 삭개오가 서서 주님께 말씀드렸습니다.

주님, 제 재산의 절반을 가난한 사람들에게 주겠습니다. 그리고 제가 남의 것을 속여 얻은 것이 있으면, 네 배로 갚겠습니다.

9 예수님께서 삭개오에게 말씀하셨습니다.

오늘 이 집에 구원이 찾아왔다. 이 사람도 아브라함의 자손이다.

10 "인자는 잃어버린 사람을 찾아 구원하러 왔다."

11 사람들이 예수님의 말씀을 듣고 있을 때, 예수님께서 비유를 들어 말씀해 주셨습니다. 이 비유를 드신 것은, 예수님께서 예루살렘에 가까이 오셨으므로, 사람들이 곧 하나님 나라가 나타날 것으로 생각하였기 때문입니다.

12 예수님께서 말씀하셨습니다. "어떤 귀족이 왕위를 받아 오려고 먼 나라로 가게 되었다.

13 그는 열 명의 종을 불러 한 므나씩 열 므나의 돈을 나누어 주면서 말했다. '내가 돌아올 때까지 장사를 하여라.'

14 그러나 그의 백성들은 그를 미워하여 밀사를 뒤따라 보내어 왕위를 줄 사람에게 말을 전하였다. '우리는 이 사람이 우리의 왕이 되는 것을 원하지 않습니다.'

※ **므나**(19:13) 헬라의 동전으로, 한 달란트의 약 1/60에 해당하는 돈이다. ※ **밀사**(19:14) 몰래 명령이나 부탁을 받아 그 일을 처리하는 사람.

15 그러나 그 귀족은 왕위를 받아 가지고 돌아와서, 돈을 맡겼던 종들을 불러 장사를 어떻게 했는지 알아보려고 하였다.

16 첫 번째 종이 와서 말했다.

> 주인님, 주인님의 한 므나로 열 므나를 만들었습니다.

17 왕이 그에게 말했다. '잘하였다! 착한 종아. 네가 아주 작은 일에 충실하였으니 네게 열 마을을 맡기겠다.'

18 두 번째 종도 와서 말했다.

> 주인님, 주인님의 한 므나로 다섯 므나를 만들었습니다.

19 왕이 그에게도 말했다. '네게는 다섯 마을을 맡기겠다.'

20 그런데 또 다른 종이 와서 이렇게 말하였다.

> 주인님, 주인님의 돈을 보십시오. 내가 이것을 수건에 싸 두었습니다.

21

> 주인님은 엄하신 분이라, 제가 주인님을 두려워하여 그렇게 했습니다. 주인님은 맡기지 않은 것을 가져가고, 심지도 않은 것을 거둬들이십니다.

※ **주인님은 엄하신 분(19:21)** '엄한'은 엄격하고, 가혹하다는 의미로 종이 생각하는 주인의 성격을 말한다. 종은 주인의 성품을 오해하여 쓸데없는 두려움에 사로잡혔다.

22 그러자 주인이 그에게 말하였다.

이 악한 종아, 네가 한 말로
너를 판단하겠다. 너는 내가 맡기지 않은
것을 가져가고, 심지도 않은 것을
거둬들이는 엄한 사람으로 알았느냐?

23 그렇다면 왜 내 돈을 은행에 맡기어 내가 돌아왔을 때, 이자와 원금을 받게 하지 않았느냐?'

24 그리고서 주인은 곁에 선 사람들에게 말했다. '저에게 있는 므나를 빼앗아 열 므나 가진 사람에게 주어라.'

25 그러자 사람들이 말했다. '주인님, 그에게는 이미 열 므나가 있습니다.'

26 '내가 너희에게 말한다. 있는 사람은 더 받을 것이고, 없는 사람은 있는 것마저 빼앗길 것이다.

27 그리고 내가 왕이 되는 것을 원치 않던 내 원수들을 끌어다가 내 앞에서 죽여라.'''

28 예수님께서 이 말씀을 하시고 앞장 서서 예루살렘을 향해 올라가셨습니다.

※ **악한 종**(19:22) 이익을 만들어오지 못한 이유가 아니라 주인의 성품을 왜곡했기 때문에 받는 평가이다.

29 올리브 산 근처에 있는 벳바게와 베다니에 이르렀을 때였습니다. 예수님께서 두 제자를 보내셨습니다.

30 그리고 말씀하셨습니다. "맞은편 마을로 가거라. 그곳에 들어가면 아무도 타 보지 않은 나귀 새끼 한 마리가 매여 있는 것을 볼 것이다. 그것을 풀어 이리 끌고 오너라.

31 만일 누가 '왜 나귀를 푸시오?' 하고 묻거든 '주님께서 필요하시답니다'라고 말하여라."

32 보냄을 받은 제자들이 가 보니, 예수님께서 말씀하신 대로 나귀 새끼를 발견했습니다.

33 그들이 나귀 새끼를 풀자, 주인이 그들에게 물었습니다.

왜 나귀 새끼를 푸시오?

34 제자들이 대답했습니다.

주님께서 필요하시답니다.

35 제자들이 나귀를 예수님께 끌고 와서 자기들의 겉옷을 벗어 나귀의 등에 펴고 예수님을 태웠습니다.

36 예수님께서 가실 때에 사람들이 겉옷을 벗어 길에 펼쳤습니다.

※ 베다니(19:29) '사랑의 집'이란 뜻으로 예루살렘에서 약 2.5킬로미터 떨어져 있다. ※ 나귀(19:30) 스가랴 선지자가 '겸손하여 나귀 새끼를 타실 왕이 예루살렘에 임하실 것을 예언한 말씀의 성취다(슥 9:10).

37 예수님께서 올리브 산 비탈길 가까이 오셨을 때, 모든 제자들이 기뻐하며 큰 소리로 하나님을 찬양하였습니다. 그것은 이들이 여러 가지 기적을 목격했기 때문입니다.

38 주님의 이름으로 오시는 왕에게 복이 있다! 하늘에는 평화, 가장 높은 곳에는 영광!

39 그러자 사람들 사이에 있던 몇몇 바리새파 사람들이 예수님께 말했습니다.

선생님, 제자들을 꾸짖으십시오.

40 예수님께서 대답하셨습니다. "내가 너희에게 말한다. 이 사람들이 잠잠하면 돌들이 소리를 지를 것이다."

41 예수님께서 예루살렘에 가까이 오셔서 그 도시를 바라보시고 눈물을 흘리셨습니다.

누가복음 TIP

예루살렘에 예수님이 들어가실 때 사람들은 옷을 바닥에 깔고, 종려나무 가지를 흔들며 환영했어요. 이러한 행동은 왕에게 존경을 표시하는 행동이었지요. 사람들은 예수님이 로마의 지배에서 이스라엘을 구원해줄 메시아라고 생각했어요. 그리고 놀라운 기적을 보았기 때문에 예수님을 환영한 것이었어요. 하지만 예수님은 말이 아닌 나귀를 타고 예루살렘에 들어가시며 '평화의 왕'으로 겸손히 오셨음을 보여주셨어요. 예수님은 힘으로 세상을 정복하는 왕이 아닌 섬김과 희생으로 우리를 구원하실 진정한 왕이세요.

42 그리고 말씀하셨습니다.

오늘 네가 평화의 길을 알았더라면 좋았을 텐데. 그러나 지금은 이것이 너에게 감춰져 있다.

43 네 원수들이 너를 향해 흙덩이를 쌓고 너를 에워싸고 사방으로 포위할 때가 올 것이다.

44 그리고 너를 짓밟고, 너와 함께한 네 자녀들도 짓밟을 것이다. 또한 돌 위에 다른 돌 하나라도 남지 않게 할 것이다. 이는 하나님께서 찾아온 때를 네가 깨닫지 못했기 때문이다."

45 예수님께서 성전에 들어가 장사하는 사람들을 내쫓기 시작하셨습니다.

46 그리고 그들에게 말씀하셨습니다.

'내 집은 기도하는 집이다'라고 성경에 쓰여 있는데 너희는 이 집을 '강도의 소굴'로 만들었다!

47 예수님께서 날마다 성전에서 가르치셨습니다. 그러자 대제사장들과 율법학자들, 그리고 백성의 지도자들이 예수님을 죽이려고 하였습니다.

48 그러나 모든 백성들이 예수님의 말씀을 열심히 듣고 있었으므로 예수님을 죽일 방법을 찾을 수 없었습니다.

※ **흙덩이**(19:43) 예루살렘은 A.D. 70년에 로마에 의해 완전히 멸망했다. 로마 장군 디도(Titus)는 흙으로 언덕을 만들어 예루살렘을 공략했다.

누가복음 20장

1 예수님께서 성전에서 사람들을 가르치시며 복음을 전하고 계셨습니다. 그때, 대제사장들과 율법학자들이 장로들과 함께 예수님께 왔습니다.

2 그리고 예수님께 말하였습니다. "당신이 무슨 권한으로 이런 일을 하는지 우리에게 말해 주시오. 누가 이런 권한을 당신에게 주었소?"

3 예수님께서 그들에게 대답하셨습니다. "나도 한 가지 물어보겠다. 내게 말하여라.

4 요한의 세례가 하늘로부터 왔느냐, 아니면 사람에게서 왔느냐?"

5 그들이 서로 의논하여 말했습니다.

만일 우리가 하늘로부터 왔다고 말하면 왜 그를 믿지 않았느냐고 할 것이다.

6

그렇다고 사람에게서 왔다고 말하면 모든 백성들이 요한을 예언자로 확신하고 있으므로 우리를 돌로 칠 것이다.

7 그래서 그들은 어디서 왔는지 모르겠다고 대답하였습니다.

※ **하늘로부터 왔다고 말하면(20:5)** 요한의 권위가 하늘, 즉 하나님께서 주신 것이라고 답하면 종교지도자들은 세례 요한을 따르지 않았기 때문에 하나님을 거역한 것이 된다.

8 예수님께서 그들에게 "나도 무슨 권한으로 이런 일을 하는지 말하지 않겠다" 하고 말씀하셨습니다.

9 예수님께서 사람들에게 이런 비유를 말씀하셨습니다. "어떤 사람이 포도원을 만들어 농부들에게 세를 주고 오랫동안 여행을 갔다.

10 포도철이 되어, 그 사람은 포도원의 수확 중에서 얼마를 거두려고 종 하나를 농부들에게 보냈다. 그러나 포도원 농부들은 그를 때리고 빈손으로 돌려보냈다.

11 주인은 다른 종을 보냈다. 그러나 그 종도 때리고 온갖 모욕을 주고 빈손으로 돌려보냈다.

12 주인은 세 번째 종을 보냈다. 이 종에게도 농부들이 상처를 입혀 쫓아 내었다.

13 포도원 주인은 말했다. '어떻게 할까? 내 사랑하는 아들을 보내야겠다. 아마도 내 아들은 존경할 것이다.'

14 포도원 농부들이 그를 보고 서로 의논했다.

이 사람은 상속자다. 이 사람을 죽여 유산을 우리가 가로채자!

※ **포도원 주인(20:13)** 당시에는 자신의 땅을 소작인에게 빌려주고 다른 곳에 가서 사는 사람이 많았다. 추수 때가 되면 소작료를 받아오도록 사람을 보냈다. ※ **농부들(20:14)** 이스라엘 백성들, 특히 지도자들을 빗대어 말한다.

15 그들은 아들을 포도원 밖으로 끌어 내어 죽였다. 그러면 포도원 주인이 농부들을 어떻게 하겠느냐?

16 그가 돌아와 포도원 농부들을 죽이고 포도원은 다른 사람들에게 넘길 것이다." 사람들이 이 말씀을 듣고 말했습니다. "그런 일이 제발 일어나지 않았으면 좋겠습니다."

17 예수님께서 그들을 바라보시며 말씀하셨습니다. "그러면, '건축자들의 버린 돌이 집 모퉁이의 머릿돌이 되었다'고 기록된 것은 무슨 뜻이냐?

18 누구든지 그 돌 위에 떨어지는 사람은 부서질 것이요, 이 돌이 누구 위에 떨어지든지 그를 가루로 만들 것이다."

19 율법학자들과 대제사장들이 예수님께서 이 비유를 자기들을 빗대어 하신 말씀인 줄 알았습니다. 그래서 즉시 예수님을 잡기를 바랐으나 사람들을 두려워하였습니다.

20 율법학자와 대제사장들은 예수님을 지켜보았습니다. 그리고 의로운 사람들인 척 가장한 정탐꾼을 보내서 예수님께서 하시는 말씀 가운데 트집을 잡으려고 하였습니다. 그리고는 예수님을 총독에게 넘기려고 하였습니다.

21 이들이 예수님께 물었습니다.

선생님, 우리는 선생님이 옳게 말씀하시고 가르치시는 것을 압니다. 선생님은 차별을 하지 않으시며 진실되게 하나님의 길을 가르치시는 것을 압니다.

※ **건축자들의 버린 돌**(20:17) 종교 지도자들의 음모로 십자가에 달리신 예수님을 뜻한다. ※ **모퉁이의 머릿돌**(20:17) 부활하셔서 교회의 머리가 되신 예수님을 상징한다.

22 "우리가 가이사에게 세금을 바치는 것이 옳습니까, 옳지 않습니까?"

23 예수님께서 이들의 계략을 아시고 말씀하셨습니다.

24 "데나리온 동전 하나를 가져오너라. 이 돈에 누구의 얼굴과 이름이 새겨져 있느냐?" 그들이 대답했습니다. "가이사의 것입니다."

25 예수님께서 그들에게 말씀하셨습니다.

가이사의 것은 가이사에게, 하나님의 것은 하나님께 바쳐라.

누가복음 TIP

'가이사'는 로마의 황제를 말해요. 당시 유대인들은 로마에 바치는 세금이 너무 커서 괴로움을 당하고 있었어요. 이를 알고 있는 유대 지도자들이 예수님을 함정에 몰아넣으려고 교묘한 질문을 던진 거지요. 예수님이 세금을 바치는 것이 옳다고 하면, 로마 때문에 힘들어하는 대부분의 유대인들이 예수님을 미워하게 될 거예요. 반대로 예수님이 세금을 바치는 것이 옳지 않다고 하면 로마에 반역을 하는 말이기 때문에 예수님을 로마 군인에게 고발 할 수 있었지요. 그러나 예수님은 지혜로운 답변으로 오히려 그들에게 진리를 알려주셨어요.

26 그들은 사람들 앞에서 예수님의 말씀을 트집 잡을 수 없었습니다. 오히려 예수님의 대답에 놀라서 말문이 막히고 말았습니다.

27 부활이 없다고 하는 사두개파 사람들 가운데 몇몇이 예수님께 왔습니다.

28 그리고 예수님께 물었습니다. "선생님, 모세는 형이 자식 없이 아내를 두고 죽으면 동생이 형수와 결혼하고 형을 위해서 자식을 낳아야 한다고 했습니다.

29 그런데 일곱 형제가 있었습니다. 첫째가 아내를 얻었으나 자식이 없이 죽었습니다.

30 그리고 둘째도 자식 없이 죽었습니다.

31 셋째도 마찬가지였습니다. 결국 일곱 형제가 모두 자식이 없이 죽었습니다.

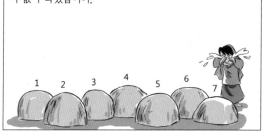

32 마침내 그 여자도 죽었습니다.

※ **트집**(20:26) 공연히 조그만 흠을 들추어내어 불평을 하거나 말썽을 부리는 것. ※ **사두개파**(20:27) 부활, 천사, 영혼을 믿지 않는 유대인들. 부유하고 사치스러운 생활을 했다.

33 그러면 부활 때, 그는 누구의 아내가 되어야 합니까? 일곱 형제가 모두 그를 아내로 맞이하였으니 말입니다."

34 예수님께서 그들에게 말씀하셨습니다.

이 세대의 아들들은 장가가고 시집간다.

35 "그러나 죽었다가 다시 부활하여 하늘나라에서 살 자격이 인정된 사람들은 장가도 가지 않고, 시집도 가지 않는다.

36 그들은 천사들과 같아서 다시 죽을 수도 없다. 그들은 부활의 아들들이므로 하나님의 자녀들이다.

37 죽은 사람들의 부활에 대해서는 모세도 떨기나무가 나오는 대목에서 잘 보여 주었다. 모세는 주님을 '아브라함의 하나님, 이삭의 하나님, 야곱의 하나님'이라고 하였다."

38

하나님은 죽은 사람들의 하나님이 아니라 살아 있는 사람들의 하나님 이시다. 이들 모두는 하나님께 대하여 살아 있다.

39 율법학자 몇 사람이 대답하였습니다.

선생님, 옳은 말씀을 하셨습니다.

※ **아브라함…이삭…야곱의 하나님**(20:37) 이미 죽은 족장들이지만, 예수님과 모세는 그들이 부활하여 천국에서 살아 있음을 전제로 하여 이야기한 것이다.

40 사람들은 예수님께 감히 더 이상 묻지 못하였습니다.

41 예수님께서 그들에게 말씀하셨습니다. "사람들이 왜 그리스도를 다윗의 아들이라고 하느냐?

42 다윗이 시편에서 직접 말하였다. '주께서 내 주에게 말씀하셨습니다. 너는 내 오른쪽에 앉아라.

43 내가 네 원수들을 네 발판으로 삼을 때까지.'"

44
다윗이 그리스도를 '주님'이라고 하였는데, 어떻게 그리스도가 다윗의 자손이 되겠느냐?

45 모든 백성들이 듣고 있을 때에 예수님께서 제자들에게 말씀하셨습니다.

46 "율법학자를 주의하여라. 이들은 긴 옷을 입고 다니는 것을 좋아하며 시장에서 인사받는 것과 회당과 잔치에서 윗자리를 좋아한다.

47 이들은 과부의 집을 삼키며 남에게 보이려고 길게 기도한다. 이들은 더 큰 심판을 받을 것이다."

※ 긴 옷(20:46) 서기관들은 다른 사람들과 구별되어 보이기 위해 바닥에 끌릴 정도로 길고 술이 달린 특별한 겉옷을 입었다.

1 예수님께서 부자들이 헌금함에 헌금을 넣는 것을 보셨습니다.

2 또 가난한 과부가 렙돈 동전 두 개를 넣는 것을 보셨습니다.

3 예수님께서 말씀하셨습니다.

내가 진정으로 너희에게 말한다. 이 가난한 과부가 그 누구보다도 더 많은 헌금을 하였다.

4 "이 사람들은 다 넉넉한 가운데서 헌금을 드렸다. 그러나 이 여자는 매우 가난한 가운데서 가지고 있는 생활비 전부를 드렸다."

5 몇몇 사람이 성전에 대해 아름다운 돌과 헌금으로 꾸며졌다고 이야기하였습니다. 그러자 예수님께서 말씀하셨습니다.

누가복음 TIP

요세푸스라는 역사학자의 기록을 보면 예루살렘 성전에는 나팔모양을 한 열세 개의 헌금함이 있었다고 해요. 이 헌금함에 동전을 넣으면 소리를 내며 아래로 떨어지게 되는 거지요. 또 헌금함에 동전을 넣기 전에 헌금의 이유와 액수를 말하게 되어 있었기 때문에 사람들은 누가 얼마를 왜 헌금했는지를 알 수 있었어요. 부자들은 헌금함에 많은 동전을 넣으며 큰소리가 날 때 우쭐하는 기분이었을 거예요. 그러나 예수님은 헌금의 액수가 아니라 헌금하는 사람의 마음을 보세요. 자신의 생활비 전부를 드린 과부의 적은 헌금을 칭찬하셨지요.

6 "너희가 지금 보고 있는 이것들이 돌 하나도 돌 위에 남지 않고 다 무너질 날이 올 것이다."

7 제자들이 예수님께 물었습니다. "선생님, 언제 이런 일들이 있겠습니까? 그리고 이런 일들이 일어날 때, 어떤 징조가 나타나겠습니까?"

8 예수님께서 그들에게 말씀하셨습니다. "너희가 속지 않도록 조심하여라. 많은 사람들이 내 이름으로 와서 '내가 그리스도다' 하거나 '때가 왔다'고 말할 것이다. 그러나 그들을 따라가지 마라.

9 전쟁과 난리의 소식을 들을 때, 두려워하지 마라. 이런 일들이 먼저 일어나야 하겠으나 종말이 바로 뒤따라 오는 것은 아니다."

10 예수님께서 계속해서 그들에게 말씀하셨습니다. "나라가 나라를 대항하여 일어나고 왕국이 왕국을 맞서 일어날 것이다.

11 큰 지진이 있을 것이며 여러 곳에서 질병과 기근이 있을 것이다. 하늘로부터 무서운 일과 큰 징조가 있을 것이다.

12 그러나 이 모든 일들이 일어나기 전에 사람들이 너희를 잡고 박해할 것이다. 또한 너희를 회당과 감옥에 넘길 것이다. 너희는 내 이름 때문에 왕과 총독 앞에 끌려갈 것이다.

※ **렙돈(21:2)** 동으로 만든 가장 낮은 가치의 동전이다. 한 렙돈은 한 데나리온의 1/64 다. ※ **박해(21:12)** 못살게 굴고 괴롭히며 해를 끼치는 것.

13 그러나 이것이 너희에게는 증거의 기회가 될 것이다.

14 너희는 변론할 말을 미리 준비하지 않겠다고 마음에 결심하여라.

15 내가 너희에게 말과 지혜를 주어 너희 원수 가운데 그 누구도 너희를 맞서거나 반박하지 못할 것이다.

16 너희의 부모와 형제, 친척, 친구들이 너희를 넘겨줄 것이다. 그리고 너희 중 몇몇을 죽이기도 할 것이다.

17 너희는 내 이름 때문에 모두에게 미움을 받을 것이다.

18 그러나 너희 머리카락 하나도 다치지 않을 것이다.

19 너희는 인내함으로 생명을 얻을 것이다."

※ **말과 지혜**(21:15) 실제로 베드로와 요한은 예수님의 말씀대로 성령의 충만함을 통해 박해를 받는 중에도 담대하게 예수님을 증거했다. ※ **머리카락 하나도**(21:18) 그리스도인들을 향한 하나님의 절대적인 보호를 뜻한다.

20 예루살렘이 군대에 포위당한 것을 보면 예루살렘의 파괴가 곧 다가왔다는 것을 깨달아라.

21 그때에 유대에 있는 사람들은 산으로 도망하여라. 예루살렘 안에 있는 사람들은 빨리 빠져나가거라. 시골에 있는 사람들은 예루살렘 안으로 들어가지 마라.

22 그것은 이날이 바로 징벌의 날이기 때문이다. 기록된 모든 것이 이루어질 것이다.

23 그날에는 임신한 여자와 아기에게 젖을 먹이는 여자에게 화가 있다. 땅에는 큰 고통이 닥치겠고, 진노가 이 백성에게 내릴 것이다.

24 그들은 칼날에 쓰러질 것이며 여러 나라에 포로로 붙잡혀 갈 것이다. 이방인의 때가 끝날 때까지 예루살렘은 이방인들의 발에 짓밟힐 것이다."

25 "해와 달과 별들에게서 징조가 있을 것이다. 땅에서는 민족들이 바다와 파도의 소리에 당황할 것이다.

26 사람들은 세상에 닥칠 일을 예상하며 두려워하고 기절할 것이다. 이것은 하늘에 있는 권세가 흔들릴 것이기 때문이다.

※ **산으로**(21:21) 유대의 산에는 숨을 수 있는 동굴이 있었기 때문에 전쟁 때에 산으로 도망하는 일이 흔했다. ※ **징벌**(21:22) 옳지 아니한 일을 하거나 죄를 지은 데 대하여 벌을 줌. 또는 그 벌.

27 그때에 사람들은 인자가 구름을 타고 능력과 큰 영광으로 오는 것을 볼 것이다.

28 이러한 일이 일어나기 시작할 때, 일어서서 너희의 머리를 들어라. 이는 너희의 구원이 가까이 오고 있기 때문이다."

29 예수님께서 이런 비유를 말씀하셨습니다.

무화과나무와 다른 모든 나무들을 보아라.

30 "잎사귀가 돋는 것을 보면 너희는 여름이 가까웠다는 것을 알 것이다.

31 이와 같이 너희도 이런 일들이 일어나는 것을 볼 때, 하나님 나라가 가까운 줄 깨달아라."

32 내가 진정으로 너희에게 말한다. 이 세대가 다 지나기 전에 이 모든 일들이 일어날 것이다.

33 하늘과 땅은 없어질지라도, 내 말은 결코 없어지지 않을 것이다.

※ **구름**(21:27) 하나님의 임재나 영광스러움을 상징한다. ※ **이 세대**(21:32) 특정한 기간이 아니라 예수님이 다시 오시기 전까지의 교회시대를 말한다.

34 네 마음이 방탕과 술취함과 삶의 걱정으로 무겁게 눌리지 않도록 하여라. 그날이 마치 덫처럼 갑자기 네게 다가올 것이다.

35 "그날은 온 땅 위에 살고 있는 모든 사람에게 다가올 것이다.

36 일어날 이 모든 일들을 피할 힘을 얻고, 인자 앞에 서기 위하여 항상 기도하며 깨어 있어라."

37 예수님께서 낮에는 성전에서 가르치시고, 밤에는 밖으로 나가셔서 올리브라고 불리는 산에서 지내셨습니다.

38 모든 사람들은 아침 일찍 일어나 예수님께 말씀을 들으려고 성전으로 나아왔습니다.

※ **방탕**(21:34) 마음이 들떠 갈피를 잡을 수 없음. ※ **덫처럼**(21:34) 하나님 나라를 기다리는 그리스도인들에게 예수님이 다시 오시는 날은 축제이나 세상의 즐거움에 빠져 하나님을 잊고 살았던 사람들에게는 재앙이 될 것이다.

1 유월절이라고도 하는 무교절이 다가왔습니다.

2 대제사장들과 율법학자들은 어떻게 하면 예수님을 죽일까 궁리를 하였습니다. 이는 그들이 사람들을 두려워하였기 때문입니다.

3 사탄이 열두 제자 중 하나인 가룟이라고 하는 유다에게로 들어갔습니다.

4 유다가 대제사장과 성전 수비대장에게 가서 예수님을 그들에게 어떻게 넘겨줄지를 의논하였습니다.

5 그들은 기뻐하면서 유다에게 돈을 주겠다고 약속했습니다.

6 유다도 찬성하고 사람들이 없을 때에 예수님을 그들에게 넘겨줄 적당한 기회를 찾았습니다.

7 유월절 양을 희생 제물로 바치는 무교절이 되었습니다.

※ **무교절(22:1)** 유월절 다음날부터 일주일을 말한다. 이때 유대인들은 누룩을 넣지 않은 떡을 먹었다. ※ **돈(22:5)** 가룟 유다가 받은 돈은 은 30세겔로, 이는 당시 노예 한 사람의 몸값이었다.

8 예수님께서 베드로와 요한을 보내면서 말씀하셨습니다.

가서 우리가 먹을 수 있도록 유월절을 준비하여라.

9 이들이 예수님께 물었습니다.

어디에 준비하길 원하십니까?

10 예수님께서 제자들에게 말씀하셨습니다. "보아라. 도시에 들어가면 물 항아리를 가지고 가는 사람을 만날 것이다. 그를 따라 그가 들어가는 집으로 들어가거라.

11 그리고 집주인에게 말하여라. '선생님께서 내 제자들과 함께 유월절 음식을 먹을 방이 어디냐고 물으셨습니다.'

12 그러면 그 사람이 위층에 있는 정돈된 큰 방을 보여 줄 것이다. 거기서 유월절을 준비하여라."

누가복음 TIP

유월절은 이스라엘이 이집트를 떠나 자유를 얻은 것을 기념하는 날이에요. 이스라엘 백성들은 이집트를 탈출할 때 어린 양의 피를 문설주에 발라, 첫아들이 죽는 열 번째 재앙을 피하고 구원을 받았어요. 유월절 어린 양은 예수님께서 사람들의 죄를 대신하여 죽으실 것을 뜻해요. 유월절의 참된 의미는 하나님의 백성이 예수님의 십자가 죽음을 통해 완전한 자유와 구원을 얻게 되는 것이지요.

13 베드로와 요한이 가 보니, 모든 것이 예수님께서 말씀하신 그대로였습니다. 그들은 그곳에서 유월절을 준비하였습니다.

14 때가 되어, 예수님께서 식사 자리에 앉으셨습니다. 그리고 제자들도 예수님과 함께 앉았습니다.

15 예수님께서 제자들에게 말씀하셨습니다. "내가 고난을 받기 전에 너희와 함께 이 유월절 음식을 먹기를 간절히 바랐다.

16 내가 너희에게 말한다. 유월절이 하나님 나라에서 이루어질 때까지 다시는 유월절 식사를 하지 않겠다."

17 예수님께서 잔을 받아서 감사 기도를 드리고 말씀하셨습니다.

이 잔을 받아 너희들끼리 나누어 마셔라.

18 내가 너희에게 말한다. 하나님 나라가 올 때까지 포도 열매에서 난 것을 이후로는 마시지 않을 것이다.

19 그리고 예수님께서 빵을 들고 감사 기도를 드렸습니다. 그리고 떼어서 제자들에게 주시며 말씀하셨습니다.

이것은 내가 너희에게 주는 내 몸이다. 이것을 행하여 나를 기념하여라.

※ 빵(22:19) 예수님 자신을 상징한다. 빵을 떼어 주심은 십자가에서 예수님 자신을 우리에게 내어 주신다는 상징적 의미가 있다.

20 이와 같이 빵을 드신 후에 잔을 가지시고 말씀하셨습니다. "이 잔은 너희를 위하여 흘리는 내 피로 세운 새 언약이다.

21 보아라. 나를 넘겨줄 사람의 손이 나와 함께 식탁 위에 있다.

22 인자는 정해져 있는 대로 갈 것이나, 인자를 넘기는 그 사람에게는 화가 있다."

23 제자들이 자기들 중에 누가 이런 일을 하겠는가 하고 서로 묻기 시작하였습니다.

24 제자들 사이에 누가 가장 큰 사람으로 여김을 받을 것인가를 놓고 서로 말다툼이 일어났습니다.

25 예수님께서 그들에게 말씀하셨습니다. "이방인들의 왕은 백성들 위에서 왕 노릇 한다. 그리고 권력을 가진 사람들은 백성들에게 은인으로 불린다.

26 그러나 너희가 그래서는 안 된다. 너희 중에 가장 큰 사람은 가장 어린 사람처럼 되어야 하고, 지도자는 종처럼 되어야 한다.

※ 새 언약(22:20) 구약에서 언약을 맺을 때 피를 뿌린 것처럼, 예수님의 피로 새로운 언약이 맺어짐을 뜻한다.

27 식사 자리에 앉아 있는 사람과 그를 시중드는 사람 가운데 누가 더 큰 사람이냐? 식사 자리에 앉아 있는 사람이 아니냐? 그러나 나는 섬기는 사람으로 너희 가운데 있다.

28 너희는 내가 시험을 당할 때 나와 함께 있었다.

29 내 아버지께서 내게 나라를 주신 것처럼 나도 너희에게 주려고 한다.

30 너희는 내 나라에서 먹고 마실 것이며, 왕좌에 앉아 이스라엘의 열두 지파를 심판할 것이다."

31 "시몬아, 시몬아! 사탄이 너를 마치 밀 까부르듯 하는 것을 허락해 달라고 요청하였다.

32 그러나 나는 네가 믿음이 꺾이지 않도록 기도하였다. 네가 돌아온 후에 네 형제들을 굳게 하여라."

33 베드로가 예수님께 말했습니다.

주님, 주님과 함께라면 감옥에 갈 수도 있고, 죽을 준비도 되어 있습니다!

※ 이스라엘의 열두 지파(22:30) 이스라엘 민족이 아니라 구원받은 새 이스라엘을 말한다. ※ 까부르다(22:31) 체를 흔들어 치다. 알곡과 쭉정이를 분리하려고 흔드는 것이다.

34 예수님께서 말씀하셨습니다.

내가 네게 말한다. 오늘 닭이 울기 전에 네가 세 번씩이나 나를 모른다고 부인할 것이다.

35 예수님께서 제자들에게 말씀하셨습니다. "지갑이나 가방이나 신발이 없이 내가 너희를 보냈을 때, 너희에게 부족한 것이 있었느냐?" 그들이 대답했습니다.

아닙니다. 없었습니다.

36 예수님께서 제자들에게 말씀하셨습니다. "그러나 지금은 지갑이 있는 자는 지갑을 챙기라. 가방도 그렇게 하여라. 칼이 없으면 옷을 팔아서라도 사라.

37 내가 너희에게 말한다. '그는 마치 범죄자처럼 취급당했다'고 쓰여진 말씀이 내게서 반드시 이루어져야 한다. 내게 대하여 쓰여진 것이 이제 이루어지고 있다."

38 제자들이 말했습니다. "보십시오. 주님, 여기에 칼 두 개가 있습니다." 예수님께서 "그것이면 충분하다"라고 말씀하셨습니다.

39 예수님께서 예루살렘 밖으로 나가셔서 늘 하시던 대로 올리브 산으로 가셨습니다. 제자들도 예수님을 뒤따라갔습니다.

※ **범죄자처럼 취급당했다**(22:37) 이사야 53장 12절 말씀을 인용하신 것으로, 예수님의 고난을 의미한다.

40 그곳에 이르셔서 예수님께서 제자들에게 말씀하셨습니다.

시험에 들지 않게 기도하여라.

41 그리고 제자들을 떠나 돌을 던져 닿을 만한 곳에 가셔서 무릎을 꿇고 기도하셨습니다.

42 아버지, 만일 아버지의 뜻이라면 제게서 이 잔을 없애 주십시오. 그러나 제 뜻대로 되게 하지 마시고 아버지의 뜻대로 이루어지게 하십시오.

43 그러자 하늘로부터 천사가 나타나 예수님께 힘을 북돋워 주었습니다.

44 예수님께서 고통스러워하시며 더 간절히 기도하셨습니다. 땀이 마치 핏방울처럼 땅에 떨어졌습니다.

45 예수님께서 기도하기를 마치시고 일어나 제자들에게 가셨습니다. 그리고 제자들이 슬픔에 지쳐 잠들어 있는 모습을 보셨습니다.

46 예수님은 그들에게 말씀하셨습니다.

왜 잠을 자고 있느냐? 일어나라. 그리고 시험에 들지 않게 기도하여라.

※ 이 잔(22:42) 주님이 지셔야하는 고난과 십자가를 상징한다. 예수님은 이것이 지나가기를 구했으나 모든 결정을 하나님께 맡기는 순종의 자세를 보이신다.

47 예수님께서 말씀하고 계실 때 사람들이 몰려왔습니다. 열두 제자 가운데 하나이며 유다라고 불리는 사람이 사람들을 이끌고 왔습니다. 그리고 예수님께 입맞추려고 가까이 다가왔습니다.

48 그러나 예수님께서 유다에게 말씀하셨습니다. "유다야, 입맞춤으로 인자를 넘기느냐?"

49 예수님 곁에 있던 사람들이 돌아가는 상황을 보고 예수께 말했습니다.

주님, 칼로 이들을 칠까요?

50 그들 가운데 한 사람이 대제사장의 종의 오른쪽 귀를 칼로 베었습니다.

51 예수님께서 말씀하셨습니다. "그만 두어라." 그리고 그 종의 귀를 만져 고쳐 주셨습니다.

52 예수님께서 체포하려고 온 대제사장과 성전 수비대와 장로들에게 말씀하셨습니다.

강도를 잡듯이 칼과 몽둥이를 가지고 왔느냐?

53 "내가 매일 성전에서 너희와 함께 있었다. 그러나 너희는 내게 손을 대지 않았다. 그러나 지금은 너희의 때, 곧 어둠이 다스리는 때이다."

※ **입맞춤(22:48)** 당시 입맞춤은 존경의 표시이자 우정의 표시였다. 유다는 이것을 배신의 표시로 이용했다. ※ **그들 가운데 한 사람(22:50)** 요한은 이 제자가 베드로라고 구체적으로 밝히고 있다.

54 그들은 예수님을 체포하여 대제사장의 관사로 데리고 갔습니다. 베드로도 그들과 멀찍이 떨어져서 뒤따라 갔습니다.

55 사람들이 정원 한가운데 불을 피우고 둘러앉았습니다. 베드로도 그들과 함께 앉았습니다.

56 하녀 하나가 모닥불 곁에 앉아 있는 베드로를 보고 노려보며 말했습니다.

이 사람도 예수와 함께 있었어요.

57 베드로가 부인하며 말했습니다.

여보시오. 나는 예수를 모르오.

58 조금 후에 또 다른 사람이 베드로를 보고 말했습니다. "당신도 그들과 한 패요." 그러자 베드로가 말했습니다.

이 사람아, 나는 아니야.

59 약 1시간 후에 다른 사람이 주장했습니다.

분명히 이 사람도 예수와 한 패요. 이 사람도 갈릴리 출신이니까.

60 그러자 베드로가 말했습니다. "여보시오, 나는 당신이 무슨 말을 하는지 알지 못하오." 베드로가 말하고 있을 때, 닭이 울었습니다.

※ **대제사장의 관사(22:54)** 종교지도자들은 비밀을 지키기 위해 대제사장이었던 가야바의 장인인 안나스의 집으로 예수님을 끌고 갔다.

61 주께서 돌아서서 베드로를 보셨습니다. 베드로는 주께서 "오늘 닭이 울기 전에, 네가 나를 세 번이나 모른다고 부인할 것이다"라고 하셨던 말씀이 기억났습니다.

62 그래서 베드로는 밖으로 나가서 몹시 울었습니다.

63 예수님을 지키던 사람들이 예수님을 모욕하고 놀렸습니다.

64 그들은 예수님의 눈을 가리고 물었습니다. "알아맞혀 보아라. 너를 때린 자가 누구냐?"

65 그 사람들은 여러 가지 말로 예수님을 모독하였습니다.

66 날이 밝자, 백성의 장로들 곧 대제사장들과 율법학자들이 함께 모였습니다. 그리고 예수님을 그들의 법정으로 데리고 가서 물었습니다.

※ **너를 때린 자가 누구냐**(22:64) 눈을 가리고 때리면서 그를 친 자가 누구인지 맞히라고 말하는 것은 메시아를 판단하는 유대인의 전통적인 관습이었다.

67 "진정 네가 그리스도인지 우리에게 말해 보아라."
예수님께서 그들에게 말씀하셨습니다. "내가 너희
에게 말해도 믿지 않을 것이다.

68 또한 내가 물어도 너희가 대답하지 않을 것이다.

69 그러나 이제부터 인자가 전능하신 하나님의 오른쪽에
앉게 될 것이다."

70 그들이 모두 물었습니다. "그러면 당신이 하나님의
아들이오?" 예수님께서 그들에게 대답하셨습니다.

내가 그렇다고 너희가 말했다.

71 그들이 말했습니다.

우리에게 무슨 증거가 더 필요하겠는가? 우리가
직접 이 사람의 입에서 나오는 소리를 들었다.

※ **하나님의 오른쪽**(22:69) 하나님의 권세와 영광을 예수님이 얻게 되어 통치하실 것을 의미한다.

1 그들 모두가 일어나서 예수님을 빌라도 앞으로 끌고 갔습니다.

2 그리고 예수님을 고소하였습니다.

이 사람은 백성들을 미혹시키고 가이사에게 세금을 바치지 못하게 했으며 자기가 그리스도 곧 왕이라고 주장합니다.

3 빌라도가 예수님께 물었습니다. "당신이 유대인의 왕이오?" 예수님께서 대답하셨습니다. "네가 말한 대로이다."

4 빌라도가 대제사장들과 군중들에게 말했습니다.

나는 이 사람에게서 아무 죄도 찾지 못하겠소.

5 그러나 사람들은 계속해서 주장했습니다.

이 사람이 갈릴리에서부터 시작해서 온 유대를 돌아다니고, 이곳까지 와서 백성들을 선동하고 있습니다.

6 빌라도가 이 말을 듣고 예수님이 갈릴리 사람인지 물었습니다.

7 예수님이 헤롯의 관할 지역 아래 있다는 것을 알고 예수님을 헤롯에게로 보냈습니다. 당시 헤롯은 예루살렘에 와 있었습니다.

※ **빌라도(23:1)** 본디오 빌라도는 A.D. 26-36년까지 유다에 파견된 로마의 총독이었다. ※ **유대인의 왕(23:3)** 빌라도는 정치적인 차원에서 '왕'이냐고 물었으나 예수님은 영적인 차원에서 '왕'이라고 대답하셨다.

8 헤롯은 예수님을 보고 매우 기뻐하였습니다. 그는 오래전부터 예수님에 대해 듣고, 예수님을 한번 만나 보기를 원했습니다. 헤롯은 예수님께서 기적을 행하는 모습을 보고 싶어 하였습니다.

9 헤롯이 예수님께 여러 가지 말로 질문을 했지만, 예수님은 한 마디도 대답하시지 않았습니다.

10 대제사장들과 율법학자들은 곁에 서서 예수님을 강력하게 고소하였습니다.

11 헤롯은 군사들과 함께 예수님을 경멸하였습니다. 그리고 화려한 옷을 입히고 조롱한 후, 다시 빌라도에게로 보냈습니다.

12 예전에 빌라도와 헤롯은 서로 원수였지만, 그날에 헤롯과 빌라도는 서로 친구가 되었습니다.

13 빌라도가 대제사장들과 지도자들과 백성들을 불렀습니다.

14 그리고 말했습니다.

> 너희는 이 사람이 백성을 반역하도록 부추긴다고 하여 내게로 데리고 왔다. 그러나 너희 앞에서 조사를 해 보니 너희가 이 사람에 대하여 고소한 죄목을 찾을 수 없었다.

※ **화려한 옷**(23:11) 왕이 입는 옷을 말한다. 곧 예수님을 왕으로 가장하고 모욕을 준 것이다. ※ **반역**(23:14) 나라와 민족을 배신하고, 통치자에게서 나라를 다스리는 권한을 빼앗으려고 하는 것.

15 또한 헤롯도 아무런 잘못을 찾아낼 수 없어 그를 다시 우리에게로 보냈다. 이 사람은 죽어야만 될 어떤 잘못도 행하지 않았다.

16 "그러니 나는 그를 매질해서 풀어 주겠다."

18 그러자 사람들이 함께 소리를 지르며 말했습니다.

그 사람을 죽이시오.

우리에게 바라바를 풀어 주시오.

19 바라바는 성에서 폭동을 일으켰기 때문에 감옥에 갇힌 사람입니다. 그는 또 살인죄도 지었습니다.

20 빌라도는 예수님을 풀어 주려고 사람들에게 다시 말했습니다.

21 사람들은 더욱 크게 소리질렀습니다.

십자가에 못박으시오. 그를 십자가에 못박으시오.

22 빌라도가 세 번째 물었습니다.

무슨 까닭이냐? 이 사람이 도대체 무슨 악한 일을 저질렀느냐? 나는 이 사람에게서 죽을 죄를 찾지 못했다. 따라서 매질만 하고 풀어 주겠다.

※ 17절 없음. 어떤 사본에는 다음과 같은 구절이 있다. "유월절이 되면 빌라도는 죄수 하나를 놓아주곤 하였다." ※ 바라바(23:18) '아버지의 아들'이라는 뜻의 이름으로, 당시 무거운 죄를 지어 감옥에 갇힌 유명한 죄수였다.

23 이 말을 들은 사람들은 뜻을 굽히지 않고 계속해서 큰 소리로 예수님을 십자가에 못박으라고 요구했습니다.

24 결국 빌라도는 사람들의 요구대로 하기로 결정하였습니다.

25 사람들이 원했던 대로 폭동과 살인죄로 감옥에 갇혀 있는 바라바를 풀어 주고, 예수님을 죽이라고 넘겨주었습니다.

26 예수님을 끌고 갈 때, 시골에서 오던 구레네 출신 시몬을 붙잡아 예수님의 십자가를 지고 따라가게 하였습니다.

27 많은 사람들이 예수님을 따라갔습니다. 그중에는 슬퍼하며 우는 여자들도 있었습니다.

28 예수님께서 뒤를 돌아보시고 그들에게 말씀하셨습니다. "예루살렘의 딸들아, 나를 위해 울지 말고 너희 자신과 자녀들을 위해 울어라.

29 보아라. '자녀를 낳지 못한 사람들 곧 아기를 낳지 못한 배와 젖을 먹인 적이 없는 가슴이 복이 있다'고 말할 때가 올 것이다.

※ **구레네(23:26)** 아프리카 동북편 고원지대로, 지금의 리비아이다. 이스라엘을 떠난 유대인들이 많이 살고 있었다.

30 그때에 사람들이 산을 향하여 '우리 위에 떨어져라'고 말할 것이며, 언덕을 향하여 '우리를 덮으라'고 말할 것이다.

31 나무가 푸를 때에도 이렇게 말한다면, 나무가 마른 때에는 어떤 일이 일어나겠느냐?"

32 다른 두 명의 죄수도 예수님과 함께 사형 판결을 받았습니다.

33 '해골'이라 불리는 장소에 와서 사람들이 예수님과 다른 죄수들을 십자가에 못박았습니다. 한 사람은 예수님 오른쪽에, 또 하나는 왼쪽에 매달렸습니다.

34 예수님께서 말씀하셨습니다. "아버지, 저 사람들을 용서하여 주소서. 저들은 자기들이 하고 있는 일을 알지 못합니다." 사람들이 제비를 뽑아 누가 예수님의 옷을 차지할지 결정하였습니다.

35 사람들은 곁에 서서 바라보았습니다. 유대 지도자들이 예수님을 비웃으며 말하였습니다. "이 사람이 다른 사람들을 구원했다. 만일 이 자가 하나님의 택하신 자인 그리스도라면 자신을 구원하리라."

36 군인들도 예수님께 나아와 조롱하였습니다. 예수님께 신 포도주를 주고

※ **해골이라 불리는 장소(23:33)** 골고다라는 지명으로 알려진 성 밖의 처형장이다. 산 모양이 해골처럼 생겼기에 붙여진 이름이다. ※ **제비를 뽑아(23:34)** 당시 죄수의 옷은 사형집행자가 가지곤 했다.

37 "만일 네가 유대인의 왕이라면 너 자신을 구원하여라" 하고 말했습니다.

38 예수님 위에 '유대인의 왕'이라고 죄목이 쓰여 있었습니다.

39 예수님과 함께 십자가에 달린 죄수들 가운데 하나가 예수님을 욕하며 말했습니다.

네가 그리스도가 아니냐? 네 자신과 우리를 구원하여라.

40 그러나 다른 죄수가 그를 꾸짖으며 말했습니다.

너도 같은 벌을 받았으면서 하나님을 두려워하지 않느냐?

41 "우리는 우리가 저지른 일 때문에 마땅한 벌을 받는 것이지만, 이분은 아무런 잘못을 행한 적이 없으시다."

누가복음 TIP

십자가 형벌은 나라에 반역을 하거나 잔인하고 악한 죄를 지은 죄수들에게 내렸던 벌이었어요. 심하게 채찍질을 한 후, 옷을 모두 벗기고 십자가 모양의 나무 형틀에 손발을 못 박는 끔찍한 형벌이었지요. 십자가에 달린 사형수의 고통을 덜어주기 위해 신 포도주를 주기도 했는데, 예수님은 모든 고통을 끝까지 견디어 내시기 위해 포도주를 거절하셨어요. 그리고 자신을 십자가에 매달아 죽인 자들까지도 사랑하셔서 그들을 용서해달라고 하나님께 요청하셨어요.

42 그리고 예수님께 말했습니다.

예수님, 주께서 주님의 나라에 들어가실 때, 저를 기억해 주십시오.

43 예수님께서 그에게 말씀하셨습니다.

내가 진정으로 네게 말한다. 오늘 네가 나와 함께 낙원에 있을 것이다.

44 정오 때쯤에 어두움이 온 땅을 덮어서 오후 3시까지 계속되었습니다.

46 예수님께서 큰 소리로 부르짖으셨습니다. "아버지, 아버지의 손에 내 영혼을 맡깁니다." 이 말씀을 하신 후, 예수님께서 돌아가셨습니다.

45 햇빛이 사라지고 성전의 휘장이 두 쪽으로 찢어졌습니다.

47 백부장이 그 일어나는 일을 보고 하나님께 영광을 돌리며 말하였습니다.

분명히 이 사람은 의인이었다!

48 이 일을 구경하러 모인 많은 사람들도 그 일어난 일을 보고 가슴을 치며 돌아갔습니다.

49 예수님과 알고 지내던 사람들과 갈릴리에서부터 예수님을 따라온 여자들도 모두 멀리 서서 이 일을 바라보았습니다.

※ 휘장(23:45) 성전에서 성소와 지성소를 구분하는 두꺼운 천. 지성소는 1년에 한 번 대제사장만 들어갈 수 있었다. 예수님의 죽음과 동시에 휘장이 찢어진 것은 이제 예수님을 통해 누구나 언제든 하나님께 나아갈 수 있음을 상징한다.

50 의회원으로 요셉이라고 불리는 사람이 있었는데, 그는 선하고 의로운 사람이었습니다.

51 이 사람은 의회의 결정과 행동에 찬성하지 않았습니다. 이 사람은 유대 마을인 아리마대 출신이었고, 하나님 나라를 기다리던 사람이었습니다.

52 요셉이 빌라도에게 가서 예수님의 시신을 달라고 요청하였습니다.

53 요셉은 예수님의 시신을 가져다가 천으로 쌌습니다. 그리고 아무도 사용한 적이 없는 바위를 쪼개 만든 새 무덤에 모셨습니다.

54 때는 안식일을 준비하는 금요일 늦은 오후였는데 곧 안식일이 시작되려는 때였습니다.

55 갈릴리로부터 함께 온 여자들이 요셉을 뒤따라 가서 무덤을 보고 예수님의 시신이 어떻게 누워 있는지 보았습니다.

56 그리고 돌아와 향료와 향유를 준비하였고 안식일에는 계명대로 쉬었습니다.

누가복음 24장

1 일주일의 첫째 날 이른 새벽에 여자들이 준비한 향료를 가지고 무덤으로 갔습니다.

2 그들은 돌이 무덤에서 굴려져 있는 것을 보았습니다.

3 그들이 안으로 들어갔으나, 예수님의 시신이 없었습니다.

4 이 일로 여자들이 어찌할 바를 모르고 있을 때, 빛나는 옷을 입은 두 사람이 그들 곁에 섰습니다.

5 여자들이 두려워하면서 얼굴을 땅 아래로 숙였습니다. 그 사람들이 여자들에게 말했습니다.

> 어찌하여 살아 있는 분을 죽은 사람들 가운데서 찾느냐?

6

> 예수님은 여기 계시지 않고 다시 살아나셨다. 예수님께서 갈릴리에 계실 때에 하신 말씀을 기억하여라.

7 "인자가 죄인의 손에 넘기워 십자가에 못박히고 삼 일 만에 살아날 것이라고 말씀하셨다."

※ **향료**(24:1) 시체를 방부 처리하고, 무덤의 냄새를 없애기 위해 사용하는 향품. ※ **돌이 무덤에서**(24:2) 당시에는 무덤 입구에 큰 돌을 굴려 막아두었다. 돌은 지진과 함께 천사들이 임할 때 옮겨진 것이다.

8 그때서야 여자들이 예수님의 말씀을 기억해 냈습니다.

9 그리고 무덤에서 돌아와 이 모든 일들을 열한 제자들과 나머지 모든 사람들에게 알렸습니다.

10 이 여자들은 막달라 마리아와 요안나, 야고보의 어머니 마리아와 다른 여인들이었습니다. 이들은 이 일을 사도들에게 말했습니다.

11 하지만 그들은 이 말을 허튼 소리로 듣고 여자들의 말을 믿으려 하지 않았습니다.

12 그러나 베드로는 일어나 무덤으로 달려갔습니다. 안을 들여다 보았지만 수의만 놓여 있었습니다. 베드로는 이것이 어떻게 된 일인가 이상히 여기면서 집으로 돌아갔습니다.

13 그런데 그날 제자들 중에 두 사람이 예루살렘에서 약 11킬로미터 정도 떨어진 엠마오라고 하는 마을로 내려가고 있었습니다.

14 이들은 일어났던 모든 일에 대해 이야기를 나누고 있었습니다.

※ **수의**(24:12) 시신에 입히는 옷. 당시에는 삼 껍질에서 뽑아낸 가는 실로 곱게 짠 베인 세마포로 시신을 감았다.

15 이들이 이야기를 나누며 토론하고 있을 때, 예수님께서 그들에게 다가오셔서 함께 걸으셨습니다.

16 그러나 그들은 눈이 가리워져서 예수님인지 알지 못했습니다.

17 예수님께서 그들에게 물으셨습니다. "당신들이 걸어가면서 서로 주고받는 이야기가 무엇입니까?" 두 사람은 슬픈 기색을 하고 멈춰 섰습니다.

18 그 가운데 글로바라는 사람이 예수께 대답했습니다.

당신은 예루살렘에 다녀오면서 최근에 무슨 일이 일어났는지 모른단 말이오?

19 예수님께서 그들에게 물으셨습니다. "무슨 일입니까?" 제자들이 말했습니다.

나사렛 예수님에 관한 일인데, 그분은 하나님과 백성 앞에서 행동과 말씀에 능력이 있는 예언자이셨습니다.

20 그런데 대제사장들과 우리 지도자들이 그분을 죽게 넘겨주어 십자가에 못박았습니다.

21 우리는 이스라엘을 구원할 분이 바로 그분이라고 기대했습니다. 뿐만 아니라 이 일이 일어난 지가 삼 일째입니다.

※ **눈이 가리워져서**(24:16) 영적으로 둔하여졌다는 뜻이다. ※ **삼 일째**(24:21) 안식 후 첫날, 곧 부활하신 날의 오후로 추정된다.

22 "우리 중에 어떤 여자들이 우리를 놀라게 했습니다. 그들이 아침 일찍 무덤으로 갔지만

23 예수님의 시신을 보지 못하고 돌아와, 예수님께서 살아나셨다고 말하는 천사를 보았다고 했습니다.

24 우리와 함께 있던 사람들 중에 어떤 사람들이 무덤으로 달려갔는데, 그 여자들이 말한 대로였고, 예수님을 볼 수 없었다는 것입니다."

25 그러자 예수님은 그들에게 말씀하셨습니다.

너희는 어리석고, 예언자들이 말한 것을 더디 믿는구나.

26

그리스도가 이 모든 고난을 받고 그의 영광에 들어가야 할 것이 아니겠느냐?

27 예수님께서 모세로부터 시작하여 모든 예언자를 들어 예수님에 관한 성경 말씀을 제자들에게 설명해 주셨습니다.

28 그들이 가려고 했던 엠마오 마을에 가까이 왔습니다. 그러나 예수님께서는 그곳보다 더 멀리 가려 하셨습니다.

※ 모세, 예언자(24:27) 유대인들이 구약을 가리키는 표현법 중 하나이다. 예수님은 구약성경 전체가 예수님의 죽음과 부활을 설명하고 있음을 강조하시며, 성경이 자신에 대해 증언한다고 하셨다.

29 제자들은 예수님께 간청하였습니다. "저녁 때가 되고 날이 이미 저물었으니, 우리와 함께 묵으십시오." 그래서 예수님께서 그들과 함께 머무시려고 들어가셨습니다.

30 예수님께서 그들과 함께 식사 자리에 앉으셨습니다. 그리고 빵을 들고 감사 기도를 하신 후, 제자들에게 나누어 주셨습니다.

31 그러자 그들의 눈이 밝아져 예수님을 알아보았습니다. 순간, 예수님께서는 사라지셨습니다.

32 그들이 서로 이야기했습니다. "길에서 예수님께서 우리에게 말씀하시고 성경을 풀어 주실 때에 우리의 마음이 불타는 것 같지 않았는가?"

33 그 두 제자가 일어나서 예루살렘으로 돌아 갔습니다. 거기에 열한 제자들과 또 그들과 함께 있던 사람들이 모여 있었습니다.

34 이들이 말했습니다.

주께서 정말로 다시 살아나셨습니다. 시몬에게도 나타나셨습니다.

35 그러자 두 제자들도 길에서 있었던 일들을 이야기하였습니다. 그리고 예수님께서 빵을 떼어 주실 때, 예수님을 알게 된 것을 이야기해 주었습니다.

※ **눈이 밝아져**(24:31) 영적인 눈이 열렸다는 뜻이다. ※ **시몬에게도**(24:34) 시몬 베드로가 갈릴리 호숫가에서 예수님을 만난 사건을 말한다.

36 제자들이 이런 일들을 말하고 있을 때에 예수님께서 제자들 가운데 나타나셨습니다. 그리고 그들에게 말씀하셨습니다. "너희가 평안하냐?"

37 제자들은 깜짝 놀라며 유령을 보는 줄로 생각했습니다.

38 예수님께서 그들에게 말씀하셨습니다.

왜 무서워하느냐? 왜 너희 마음에 의심이 생기느냐?

39 "내 손과 발을 보아라. 바로 나다. 나를 만져 보아라. 유령은 살과 뼈가 없다. 그러나 나는 너희가 보는 것처럼 살과 뼈를 가지고 있다."

40 이 말씀을 하시고 예수님께서 손과 발을 제자들에게 보여 주셨습니다.

41 제자들은 너무 기뻐서 차마 믿지 못하고 놀라고 있는데, 예수님께서 제자들에게 말씀하셨습니다.

먹을 것이 좀 있느냐?

※ 평안(24:36) 히브리어 '샬롬'이라는 일상적인 인사이다. ※ 먹을 것(24:41) 예수님은 음식을 잡수시며 영뿐만이 아니라 몸 또한 부활하셨음을 확인시키셨다.

42 제자들이 구운 생선 한 토막을 예수님께 드렸습니다.

43 예수님께서 그것을 받아들고 제자들 앞에서 잡수셨습니다.

44 그리고 제자들에게 말씀하셨습니다.

> 내가 전에 너희와 함께 있을 때에 너희에게 한 말이 이것이다. 모세의 법과 예언서와 시편에 나에 관해 쓰여진 모든 것들이 반드시 이루어져야 한다고 말했다.

45 그리고 예수님께서 제자들의 마음을 열어 성경을 깨닫게 해 주셨습니다.

46 예수님께서 제자들에게 말씀하셨습니다. "이렇게 기록되어 있다. 그리스도가 고난을 당하고 삼 일째 되는 날에 죽은 자들 가운데서 일어날 것이다.

47 예루살렘으로부터 시작하여 모든 민족에게 그리스도의 이름으로 죄를 용서받는 회개가 전파되어야 할 것이다.

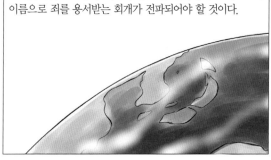

48 너희는 이 일의 증인이다.

※ **마음을 열어 성경을 깨닫게**(24:45) 예수님을 정치적, 군사적인 구세주로 기대했던 잘못된 생각을 버리고, 예수님의 죽음과 부활을 경험하고 말씀을 바르게 이해할 수 있게 된 것이다.

49

보아라. 내 아버지께서 약속하신 것을 너희에게 보낸다. 그러므로 너희는 높은 곳에서 오는 능력을 입을 때까지 이 성에 머물러라.

50 예수님께서 제자들을 베다니로 데리고 가셨습니다. 그리고 손을 들어 제자들을 축복하셨습니다.

51 예수님께서 제자들을 축복하시면서 그들을 떠나 하늘로 들려 올라가셨습니다.

52 제자들이 예수님께 경배하고 크게 기뻐하며 예루살렘으로 돌아왔습니다.

53 그리고 그들은 늘 성전에 머물면서 하나님을 찬양하였습니다.

누가복음 TIP

부활하신 주님을 만난 제자들은 유령을 보는 줄로 생각할 만큼 깜짝 놀랐어요. 예수님은 손과 발에 난 못자국을 보여주시고, 자신을 만져보게 하셨어요. 제자들은 부활하신 예수님을 직접 만져보고 함께 식사도 하였고, 예수님께서 승천하시는 모습을 지켜보았지요. 구약과 신약 성경 전체는 예수님의 죽음과 부활을 나타내고 있어요. 예수님의 십자가 죽음과 부활은 우연이나 잠깐의 사건이 아니라 하나님이 처음부터 계획하신 일이었지요.

"데오빌로 각하, 제가 먼저 쓴 책에서 저는 예수님께서 하신 일과 가르치신 말씀을 비롯하여, 예수님께서 선택하신 사도들에게 성령의 힘으로 교훈을 내리신 후에 하늘로 올라가신 날까지, 예수님과 관련된 내용을 다 기록했습니다."

사도행전 1:1, 2절

WOW 와우 일러스트 바이블
『사도행전』으로 이어집니다!

WOW 와우 일러스트 바이블
누가복음

초판 1쇄 2016년 7월 7일

글 아가페 쉬운성경
그림 조광래
감수 김경진

펴낸이 정청철
펴낸곳 아가페북스
등록번호 제321-2011-000197호
편집장 이수진
책임편집 손정민
디자인 김종한

주소 (06698) 서울시 서초구 효령로 8길 5(방배동)
전화 584-4835(본사), 522-5148(편집부)
팩스 586-3078(본사), 586-3088(편집부)
판권 ⓒ㈜아가페출판사 2016
ISBN 978-89-97713-67-7 (04230)
          978-89-97713-66-0 (세트)

이 도서의 국립중앙도서관 출판시도서목록(CIP)은 서지정보유통지원시스템 홈페이지(http://seoji.nl.go.kr)와
국가자료공동목록시스템(http://www.nl.go.kr/kolisnet)에서 이용하실 수 있습니다.
(CIP제어번호: CIP2016014821)

아가페북스는 ㈜아가페출판사의 단행본 전문 브랜드입니다.

아가페 출판사